金沢八景と金沢文庫

梶山孝夫

まえがき

今日の金沢区は横浜市域の南端に位置し、横須賀・逗子・鎌倉の三市と接しているが、金沢文庫の最寄り駅の周辺は、必ずしも平坦とはいえない地形であるにもかかわらず、住宅地として開発されている。それは横浜市の発展を示すものではあるが、金沢八景と称された景勝を眺望することはもはや容易ではない。わずかに金沢シーサイドラインから望む風景に名残を感ずることができるとはいうものの、ほとんど不可能というべきであろう。しかしながら、名刹称名寺は厳然として存在しており、復元とはいえ境内に佇めば神殿造（浄土庭園）の風情とともに、その昔の繁栄を十分に偲ぶことができる。

いわゆる金沢文庫はこの称名寺と一体のものであったけれども、その研究には江戸時代からの蓄積がある。筆者が、これまで関心を抱いてきた水戸史学においても金沢文庫とは少なからぬ関係がある。例えば、水戸義公は延宝二年に対岸の上総湊から金沢へ渡り、ついで鎌倉を訪れ、心越禅師は貞享四年に金沢にて八景詩を詠じ、これより先の貞享二年に史臣が金沢文庫（称名寺）において多くの史料を採取し、『大日本史』編纂等に活用されたことなどである。史臣の活動にはまだまだ究明すべきことが多いが、横浜居住を契機として水戸との関連を探ろうとした小論を主として本書を構成した。

小論の中には先学の業績に修正をせまるものも含まれてはいるけれども、八景や文庫への筆者のささやかな関心の所産としてご笑覧いただければ幸である。

なお、収録に際して既発表の小論には若干の修正を施し、また多くは宮田正彦水戸史学会会長の御指導を得たものである。付記して謝意に替えさせていただきたいと思う。

目次

一　義公と心越の金沢八景詩

一

義公光圀が心越を招いたことはつとに知られているが、その心越が金沢八景詩を詠じていることには意外と不明なことが多い。そこで、以下には義公と心越の金沢八景詩について若干の考察を試みたいと思う。

義公が鎌倉を訪れたのは延宝二年（一六七四）五月のことである。その詳細は『鎌倉日記』にみえているが、対岸の上総湊から金沢の浦へ渡ったので日記は金沢周辺からの記述となる。瀬戸明神、称名寺と続き、その後に能見堂《のうけんどう》の記述がみえる。まずはそれを掲げよう。

　能見堂ハ近年久世《くぜ》大和守廣之建之、此辺ノ塩焼浜ヲカマリヤノ谷ト云、相伝フ、能見堂ハ絵師巨《こ》勢《せ》ノ金岡《かなおか》此ノ所ノ美景ヲ写ント欲シテ模スル事ヲ得ス、アキレテノツケニソリタル故ニ俗ニノツケン堂ト云、或ハ云ク、風光ノ美此ノ所ヨリ能ミユル故ニ能見堂ト云、又能見道トモ書ク、昔ハ

金沢八景駅より野島を望む

此堂ナシ、此地ヨリ望メハ、瀬戸ノ海道能見ユル故ナリトソ、堂ノ前ニ筆捨松ト云一株アリ、金岡多景ヲ写シエス、筆ヲ此ノ松ニ捨シトナリ、又二本アル松ヲ婦夫松ト云、此ノ地ヨリ上下総房州天神山鋸等、海上遠近ノ境地残ラス見ユ、天下ノ絶景ナリト云。里俗相伝テ八景アリト云

簡にして要を得た説明である。久世大和守廣之というのは将軍家光に近侍し、若年寄から老中にまで進んだ人であるが、この久世氏が芝増上寺の子院地蔵院（当時廃院）を移して再興したのが能見堂で曹洞宗の寺院であった。続いて巨勢金岡の逸事と八景を記すのであるが、見聞のままにその説明をも付している。山市晴嵐、平沙落雁、漁村夕照、江天暮雪、遠浦帰帆、瀟湘夜雨、遠寺晩鐘、洞庭秋月が八景なのであるが、これは瀟湘《しょうしょう》八景のことであるから当時の人々は瀟湘八景になぞらえて眼前の絶景を楽しんだのであろう。

今日、金沢八景と称されるものは洲崎晴嵐、平潟落雁、野島夕照、内川暮雪、乙艫《おっとも》帰帆、小泉《こずみ》夜雨、称名晩鐘、瀬戸秋月であるが、この成立に関しては『鎌倉日記』能見堂の項にみえる八景の説明に留意しなければならないであろう。

例えば、山市晴嵐には次のような説明がある。

能見堂ノ前ノ東ニ町谷ト云所、民村連リタル地ヲ云、或云、峠ト云所ナリト、或云、瀬戸明神ノ前、弁才天ノ西ノ方ヲ云トナリ

このような八景の説明は、洞庭秋月の説明の末尾に「今見聞ノマヽニ書シルシ侍リヌ」とみえるように義公の見聞としてよいが、一説に拘らず伝えるところをそのままに記していることに留意しよう。

それでは、『鎌倉日記』の記述は貞享二年（一六八五）刊行の『新編鎌倉志』にどのように活かされているのであろうか。能見堂の項の前半は『鎌倉日記』を踏まえた記述であり、さらに万里集九《ばんりしゅうく》の『梅花無尽蔵《ばいかむじんぞう》』にみえる「濃見堂」の用例にもふれているが、この用例はすでに「一作濃見堂、又作能化堂、或作能見道」とみえていたが、典拠を本文に組み込んだわけである。

後半に八景に関する叙述がある。以下、それを掲げる。

此ノ西ノ塩焼浜ヲ、釜利谷ト云。能見堂ノ西ノ方ヨリ、新町ノ宿へ出ル道アリ。此ノ地、東南ハ海水ニテ、眺望窮ナシ。富士山、上総、下総、房州、諸ノ峯不残見ユ。天下ノ絶景ナリ。里民、相伝ヘテ、西湖ノ八景有ト云。洲崎ノ民家連リタル所ヲ、山市ノ晴嵐ト云。町屋村ノ東、平方ノ西、塩焼浜ヲ、平砂ノ落雁ト云。野島ノ南へ出タル所ヲ、漁村ノ夕照ト云。或云、瀬戸ノ浦辺ヲモ云。室木ノ西、瀬崎村ノ前ノ海上ヲ、江天ノ暮雪ト云。野島ノ南、刀切村ノ北ニ、船見ユルヲ、遠浦ノ帰帆ト云。釜利谷村ノ内、手后ノ明神ノ北、塩屋ノアル辺ヲ、瀟湘ノ夜雨ト云ナリ。其ノ所ニ、瀟湘ノ夜雨松ト云松アリ。称名寺ノ東ノ出崎、柴崎村ノ南ノ辺ヲ、洞庭ノ秋月ト云ナリ。称名寺ノ鐘ヲ、煙寺ノ晩鐘ト云フ。八景総テ能見堂ヨリ云ナリ。（ルビ略。傍線筆者、以下同じ）

この記述では傍線部の地名と名称に留意しよう。この四箇所は金沢八景と一致するからである。他の四箇所については両書に瀬戸の地名がみえ、また『鎌倉日記』の「瀟湘夜雨」の説明に「或云、コツミト云所ナリ」とあり、『新編鎌倉志』の「野島村」の項には「野島ノ東浜ヲ乙鞆ノ浦ト云フ」とみえるが、内川については何もみえていない（内川は瀬戸の入江を指すが異説もある。なお、能見堂から刊行された「八景安見図」には内川暮雪の記載がみえるが、前田元重氏によると最古は享保十六年版という）。

二

金沢八景は義公に招かれて天徳寺（後の祇園寺）の住持となった東皐心越《とうこうしんえつ》（曹洞宗、心越は字で、法諱は興儔）の八景詩に基づくものとされているが、その根拠として挙げられる一つは「金沢能見堂八景縁起」にみえる次の記載である。

扨又此金沢八景と申は百年ほど以前延宝年中唐土の沙門東皐心越禅師常陸の国水戸に来りて居住し給ひしが、かかる勝景を聞及ばせ給ひけり。よつて此山堂をとはせ給ひつつ彼国なる西湖瀟湘の風景に其ままなりと幽賞のあまり一夜燈火のもとにて八首の詩を作りて雅懐を伸給ふ。すなはち其自筆の一軸今に当山の宝物とはなりにけり。（『金沢八景　歴史・景観・美術』収録、以下「図録」と記す。また山中裕氏『三浦古文化』第四号収録「能見堂の歴史――金沢能見堂八景縁起考――」所引）

この縁起の成立を、文中に仁和年中より九百有余年後とみえるところから山中氏は天明寛政頃と考

察されている。また「縁起」には、

扨又彼心越禅師の後、京極兵部無生居士、和歌を詠じて和し給ふ。夫より此かた八景の絵図并に右の詩歌を板行して当山より出しぬ。さればかゝる八景を一目に見るのみか、其余の景趣かぞへがたし。（「図録」及び前田元重氏『金沢文庫研究』二二八号収録「武州金沢能見堂とその出版物について（下）」による）

ともみえているが、板行したものは天明四年（一七八四）の再刻板が知られているので天明の頃という推定は正しいであろう（初版刊行年はさらに遡る）。京極兵部無生居士は歌人として知られる京極高門のことで、京極高次の弟高知の裔である。水戸藩や心越と多少の関係がある（曹洞宗徒であり、心越とも通ずる）。高門が元禄十五年に著わした紀行「走湯《はしりゆ》行記」の前半は、金沢と鎌倉遊歴の記事であって『新編鎌倉志』をふまえたものという（井上泰至氏『文学』平成十三年第二号の一収録「市隠の旅—旗本歌人京極高門」）。なお、無生居士の和歌は後年歌川広重の八景図にも添えられている。板行のものは「金沢八景詩歌」と題し、心越の八景詩と無生居士の和歌を収めているが、「図録」には「天明甲辰秋七月、擲筆山地蔵院現住来仙再刻」とあるものが収録され、天保十二年の後刷本も知られるという。そうとすれば『鎌倉日記』以後一世紀を経た後のものとなる。

能見堂の八景碑

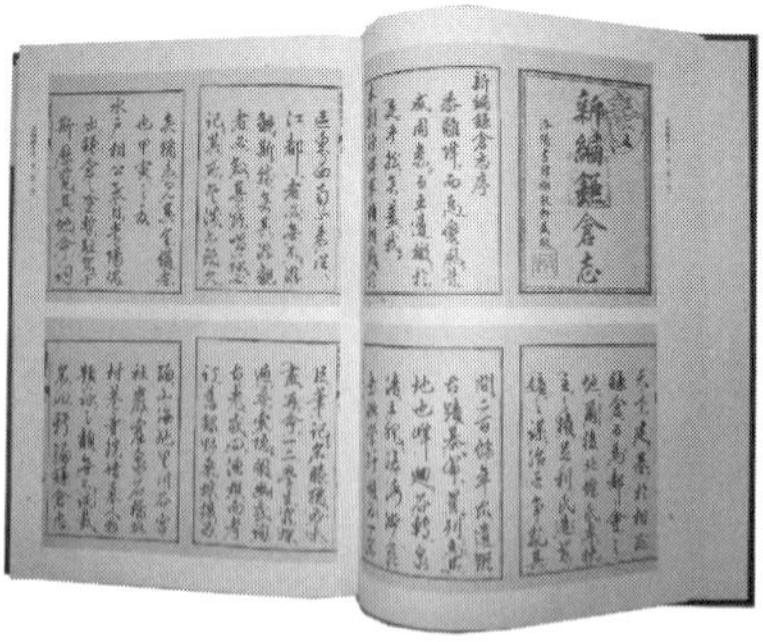

新編鎌倉志

そこで八景と心越との結びつきを検証しなければならないが、先の『鎌倉日記』の記述に再度注目してみよう。それは『鎌倉日記』を基に編纂された『新編鎌倉志』には心越の序文が付されているからである。そうであれば、この記述が心越によって閲覧されていることは十分に想定されてよい。ただ、貞享甲子（元年）の成立である序文には「越、扶桑に至て未だ其の境を踏まず。図を按じて模索するに非ずと云ふことなし」とみえているから、少なくともそれまで実地を踏むことはなかったということになろう。したがって貞享元年以前の詠詩はありえない。それでは、心越は八景詩を何時如何なる状況の下に詠じたのであろうか。

遺憾ながら、今日それを明らかにする確実な史料は見当たらないようである。しかし、心越の金沢八景詩が鎌倉の瑞泉寺に所蔵されており、その成立は貞享四年四月という報告がある（徐興慶氏『日本漢文学研究』第三号収録の「心越禅師と徳川光圀の思想変遷試論」による。義公は瑞泉寺の大忠和尚を領内の清音寺住持として招いたり、また偏界一覧亭の復興に尽力するなど瑞泉寺との関係は深い）。筆者は確認し得ていないが、仮にそうだとすれば心越は『新編鎌倉志』の記述と図を按じて八景詩を詠じたとの推測が許されるであろうし、しかも心越の学識をもってすれば決して不可能なことではあるまい。図に関していえば『鎌倉日記』に「此の図別紙にあり」、また心越の序に「図を按じて」とみえるから存在し、参照したことは明らかであるが、当時「金沢之絵図」なるものが刊行されているから十分に傍証されるであろう（絵図は前田元重氏の紹介によるが、『彰考館図書目録』中部雑書の項にみえる金沢八景関連図は後年のものであるから、これが参照されることはなかったであろう）。

事実『東皐全集』収録の八景詩をみると、後述するように現地に立たずとも十分に詠ずることができたように思われる。いわば心象風景を詠じたものということができるかもしれない。もとより、それは祖国の瀟湘《しょうしょう》八景を思いながらのことであったろうし、また瀟湘八景自体が必ずしも特定の地名（瀟湘・洞庭は地名）を冠したものではないからである。

三

これまで、心越の八景詩は元禄七年の箱根湯治の際に詠まれたのではないかとの説が多く主張されてきた。例えば、早く関靖氏の『かねさは物語』（昭和十三年）には「この八景の名称が、現在の名称に改められたのは、心越禅師来遊の結果であると言はれてゐる」とした後に、

禅師の年譜によると、貞享元年の前年から元禄六年迄は水戸に住んでゐた筈であるから、金沢へ来遊したとすれば、恐らく元禄七年以後のことであらう。そして禅師は同八年九月に入寂してゐるから或は同七年九月義公の勧に従つて、相州塔の沢へ入湯に行つた往返何れかに、この金沢を通過したのではあるまいか。

と述べているのをはじめとして、「図録」の「金沢八景の歴史」（平成五年）には、

　このように流動的であった金沢八景の現地比定に大きな方向づけを与えたのは、一六七七年（延宝五）に水戸の徳川光圀の招聘によって来日した明僧・東皐心越であった。彼は示寂前年の一六九四年（元禄七）、箱根塔ノ沢に湯治に来ており、恐らくその往復のどこかで金沢の地を踏んだものと思われる。

とあり、関幸彦氏の『鎌倉とはなにか』（平成十五年）では、

　具体的地名と関連させながらの登場は、元禄七年（一六九四）ごろの心越禅師の作詩によるとされる。

といい、原淳一郎氏の『江戸の旅と出版文化』（平成二十五年）では、

　現在金沢八景の成立については、元禄七年（一六九四）前後に明僧東皐心越が創始したとする説が定説となっている。

とするがごときであるが、ほか前田元重氏・西岡芳文氏・永井晋氏などの説も大同小異である。要するに元禄七年の塔の沢湯治の際に詠じたのではないかというのである。

　いったい、この説の出所はどこにあるのだろうか。恐らくそれは、関靖氏も「年譜」によるとしておられるので『東皐全集』巻末に収める「心越禅師略年譜」であろう。「年譜」では元禄七年の条に「九月依義公勧、坐湯于相州塔沢凡二七日」とみえているからである。ところが、巻頭の「東皐心越禅師伝」には、

（元禄）七年春、師微恙《びよう》を示す。八年義公、勧めて相州塔澤《とうのさわ》に坐湯す。凡そ二七日、一日徒に告

げて曰く、我病愈えず。何ぞ幻軀に恋々たらん。九月十四日駕を命じて江府に帰る(原漢文)との記載がある。病のために箱根の塔の沢での湯治を義公が勧めたのであるが、病が癒えなかったので江戸に戻ったというわけである。これは義公が心越に与えた元禄八年の書簡に「且つ聞く、湯治の行、迩に有り。風露飲食、慎んで珍摂を加へ、快復の告、翹足《ぎょうそく》して待つ」(『常山文集拾遺』)とみえることからも明らかであるから、「年譜」が誤りといわなければならないが、この齟齬(校閲の不備)を見落とされた結果が今日まで生き続けたということになろう。ただ人見竹洞に「東沢八景」という詠を贈ったとも伝えられるので、この湯治行の際に金沢八景詩を詠じた可能性も否定できないかもしれない。しかし、病は癒えず、この年の九月末に五十七歳をもって亡くなるのであるから、果して八景詩を詠ずる余裕があったかどうか疑問を禁じ得ない。

いずれにしても、元禄七年説に特段の根拠があるわけではなく、否むしろ誤った根拠に基づく推定にすぎないというべきであろう。

四

それでは本当に解明の手立てではないのだろうか。実は若干ではあるが存在する。「図録」に収める天明甲辰秋七月(四年)という年次記載の「金沢八景詩歌」と題する能見堂からの刊行物がそれである。すでに先学諸氏が紹介し知悉されているものなのであるが、注目すべきは心越と無生居士の詩歌を記した後にみえる識語である。

武州金沢の擲筆山能見堂は、瀟湘八景の風味有り。因りて鎌倉志を観るに甚だ詳なるのみ。一夕の寥々、青燈に対して漫に八景の陋句を賦す。以て斯の勝境を識すと云ふ。歳は執徐正に夏日、東皐越杜多艸す。（原漢文）

文は正しく心越によるものと判断されるが問題は「執徐」である。この「執徐」は辰の意であるから卯年である貞享四年ではなく翌元禄元年とすべきであろう。「杜多」はサンスクリットでいう僧侶のことでズタ（頭陀）と読む。この識語からは『（新編）鎌倉志』を参照し、しかも実地を踏んだことが明らかに読み取れよう。文意からは辰の年すなわち元禄元年の夏ということになり、先の徐興慶氏による貞享四年四月と夏は一致するけれども年次が合致しない。したがって、まだ問題は残るとしなければならない。

ところで、近年高田祥平氏は『東皐心越――徳川光圀が帰依した憂国の渡来僧――』（平成二十五年）という著書を刊行されているが、その中に次のような記述がある。

貞享三年（一六八六）夏、実兄の蔣尚卿が、朱舜水と同郷の士である張斐とははるばる長崎に来航したと聞き、光圀の配慮で藩士の大串元善らと共に下向が許され、心越は再び長崎に下った。舜水亡き後、光圀には賓師を水戸藩に迎えたいとの思いがあり、舜水の孫の朱毓仁の推挙で共に来日したのが張斐であった。

大串が義公の命によって張斐招聘のために長崎に行ったのは七月のことであるが（『水戸史學先賢傳』

収録の「雪蘭　大串元善」）、あいにくと不首尾に終わった。この時心越が随行したのである（長崎行は徐興慶氏も前掲論文で言及しておられる）。恐らくは、その年の内か遅くとも翌年には帰ったはずであるから金沢において八景詩を詠ずることができたであろう。そうすると、貞享四年説は信憑性を増すこととなろう。先の識語が心越によるものとすれば、実際に詠じたのは翌年の夏のことであったのかもしれない。井上泰至氏が前掲論文で「金沢を訪れたのは貞享四年（一六八七）、翌元禄元年夏この詩をものした」と述べられたのは杉村英治氏に拠ったものである。

そこで杉村氏の主張をみると、氏は『望郷の詩僧　東皐心越』（平成元年）という著書において心越の長崎行を詳細にたどられているのである。杉村氏によれば、心越は同年八月兄に会うことができ「崎に至り家兄に晤《あ》ふを得」と題する七絶を詠じているという（この七絶は徐氏も紹介されている）。そして貞享四年の正月を長崎で迎えたとして、張斐に贈った詞を紹介されている。二、三月の交には京都の水戸邸で休み、江戸に戻るが、その途中に鎌倉と金沢へ立ち寄ったという。瑞泉寺の一覧亭では「夢窓和尚の一覧亭の韻に和す」と題する七絶を詠んだこと、続いて金沢八景詩から洲崎の晴嵐を紹介され、後序に「武州金沢の擲筆山能見堂は、瀟湘八景の風味有り」とみえることを述べられる。

また、元禄元年を江戸で迎えた心越の七絶の序に「執徐三月望、恭しく相君の大護法に候せし次《とき》諸鴻儒と曁《とも》に、桜の下に坐し即時」とみえ、示寂前日の偈には「杜多」とあることを紹介されている。「執徐」や「杜多」は先の識語にもみえる用例であるから、まさしく識語は心越によるものであり、長崎からの帰途に訪れた八景の心象を詩に託したものが金沢八景詩だったとしてよいであろう。そして、その作詩の時期が元禄元年の夏ということになるわけである。先に「その年の内か遅くとも翌年には帰ったはずである」と述べたが、徐氏の報告をもふまえてみれば恐らく江戸帰着は貞享四年四月ということになろう。

なお、参考までに述べれば、心越が杭州より薩摩を経て長崎に来たのが延宝五年、水戸に招かれるのは延宝九年のことであって、「水戸の徳川光圀の招聘によって来日」（「図録」）したわけではない。より正確には、浙江出身で長崎にいた禅僧澄一《ちんい》の勧誘によったとすべきである。澄一は元禄四年四月八日に八十四歳で歿する。

五

次に心越の八景詩を検討してみよう。『東皐全集』では「武洲能見堂八景詩」と題されているが、便宜「図録」収録により読み下して掲げる。

洲崎晴嵐

滔々たる驟浪、餘暉を斂《あつ》め　滾々たる狂波、竹扉を遶《めぐ》る

市後日斜にして、人静悄　行雲流水、自ら依依たり

瀬戸秋月

清瀬涓々として、舟を繋がず　風虚籟を傳ふ、正に中秋

廣寒の桂子、香飄の処　共に看る、氷輪の島際に浮ぶを

小泉夜雨

暮雨凄涼、夢に亦驚く　甘泉汨々《こつこつ》として、聴くこと分明
篷窓淹蹇《ほうそうえんけん》、相識る無く　腸断す、君山鉄笛の声

乙艫帰帆

朝宗萬派、遠く天に連なり　恙無き軽帆、日辺に掛る
欸乃《あいだい》高歌、雲外に落つ　依稀《いき》として数艇、洲前に到る

称名晩鐘

夙昔の名藍、覚地を成す　華鐘晩に扣けば、鯨音の若し
幽明聞く者、咸《みな》悟を生ず　一片の迷ひは離す、祇樹の林

平潟落雁

列陣の沖冥、塞に入るに堪へ　荻蘆簫瑟《てきろしょうしつ》、幾ど隊を成す
飛鳴宿食、悃《まこと》に棲むこと遅きも　千里書を傳ふ、誰か愛でざらん

野島夕照

独り漁翁を羨み、是に家を作る　竿を持して漿を盪《うごか》せば、日西に斜なり
魚を綱し得て来り、酒を沽《か》ふて飲む　蓑を披りて高臥す、任《さもあらばあれ》誇に堪ふるを

内川暮雪

金沢八景絵はがき（安藤広重）

廣陌の長堤、竟《つい》に没し潜む　奇花六出、縑《けん》を鋪《し》くに似たり
渾然たる玉砌《ぎよくせい》、山河の色　遍く危峰を覆ひて、些尖を露はす

多少の語釈をすると、「廣寒」は月にあるという宮殿、「氷輪」は月の別名、「篷窓」はとまをかけた舟の窓の意。「腸断す、君山鉄笛の声」は白居易の長恨歌「夜雨に鈴を聞けば腸も断えなんとする声」によるものであろう。「君山」は洞庭湖中の山、「欸乃」は舟歌、「依稀」はかすんでぼんやりしているさま、「名藍」は古刹、「鯨音」は大きく底力のある音、「祇樹」は祇陀の樹林、「棲遅」はのんびり休む、「漿」は糸をひいてたれる液、「六出（六花）」は雪、「縑」は布絹、「玉砌」は玉で作った石だたみの意である。

一読して思うことはそれぞれの詠には地名そのものを、または地名に直接に関連する句が詠み込まれていないことである。それでは他の詠はどうであろうか。

例えば、『東皐全集』には那須で詠じた十景詩（「心月山長渓寺十景」）が収録されているが、それには黒髪山（「日光晴嵐」）、那珂河（「中河帰帆」）などの地名が詠み込まれ、なお且つ跋文には「是歳癸酉殷秋、有那須湯泉之行」（癸酉は元禄六年）とあり、長渓主人に酬いるために詠じたことが記されており、その成立事情が知られる。さらに「六花飛」「扣鯨鳴」「風籟」「西没」など類似の用例がみられることを指摘しておこう（水戸城下で詠んだ「常州八景詩」にも同様な傾向がある）。また那須山温泉八景は人見卜幽の「那須山温泉記」を参照して詠じたものである。

このようにみてくると、故事や慣用句を用いつつ祖国の八景を思い浮かべながらの詠であり、能見堂から望むとはいうものの必ずしも実写とは断定しなくてもよいであろう。心越が詠じた八景詩を、例えば能見堂あるいは水戸藩の関係者（関氏前掲書によれば「同伴の者」）が八景に結びつけた可能性も否定できない。その意味で「図録」がいう「初めて来訪した中国人が現地の地名をただちに選択できるはずもなく」という疑問は十分に理解できることである。

六

『新編鎌倉志』の刊行以前に八景はどのように捉えられていたのであろうか。関靖氏の『かなさは物語』は八景地の比定を試みているが（前田元重氏もこれを踏襲し、さらに絵図による八景地の考察を付加されている）、『新編鎌倉志』以前のものとして慶長十九年の『名所和歌物語』と万治二年の『鎌倉物語』が取り上げられている。両書とも瀟湘八景に比定しているので、江戸初期にはすでに金沢の地を八景になぞらえることが行なわれていたわけである。なお『鎌倉物語』は『新編鎌倉志』の引用書でもある。

また、延宝八年（義公の金沢訪問の六年後）成立の『鎌倉紀』という紀行には西湖の八景を写したとされるものが和歌とともにみえている。その八景とは夏嶋帰帆、瀬戸晴嵐、野嶋夕照、洲崎落雁、樗木秋月（樗はユウと音読するが、樗木は室木であろうか）、称名晩鐘、六浦暮雪、谷村夜雨であるが、夏嶋帰帆の下には「八景は所をすぐに名によそへたり」と添えられている。そうしてみると、義公の金沢訪問の頃には具体的な地名を冠した八景を選定することが行なわれていたのである。それは心越の金沢八景よりは広範囲に八景を求めるものだったということができよう。

それでは次に『新編鎌倉志』の記述を検討しよう。記述の一部はすでに紹介したが、比定についてまとめると次の通りである。

瀟湘夜雨　釜利谷の内、手后の明神の北、塩屋のある辺
洞庭秋月　称名寺の東の出崎、柴崎村の南の辺
漁村夕照　野島の南の方へ出たる所、瀬戸の浦辺
江天暮雪　室木の西、瀬崎村の前の海の上
遠浦帰帆　野島の南、刀切村の北に船見ゆる
山市晴嵐　州崎の民家連なりたる所
平沙落雁　町屋村の東、平方の西、塩焼浜
遠寺晩鐘　称名寺の鐘

右の比定で留意すべきは複数の記載がみられることである。これは『鎌倉日記』や『新編鎌倉志』にみえるように里人の言い伝えをそのままに採録しているからである（能見堂の記述でも同様）。書物と

異なって絵図の場合は位置を特定しないと地図上に記入できないから、前田元重氏が紹介される三図にはすべて八景の位置が特定されているのである。この比定に関して、原淳一郎氏前掲書には次のような言及がある。

一方で、彰考館は、『鎌倉日記』において「里俗相伝テ有八景ト云」とし、『新編鎌倉志』では「里民相伝へて」とし、八景が地元の伝承として起こったものとしている。これは前期水戸学の日本中心主義の反映でもあろう。つまり、金沢八景は、中国の西湖・瀟湘の仮託ではなく、日本で独自に自然に起こったという意図を、「里俗」・「里民」という言葉に込めているのである。しかしながら、じっさいには中世前期から中国趣味の金沢（六浦）紀行がおこなわれていたため、早くから中国の八景の比定が諸説なされており、それが民俗伝承として地元に残存していたものである。

傍線部は勇み足的記述であろう。『新編鎌倉志』の「里民相伝ヘテ、西湖ノ八景有ト云」という記述を率直に解すれば八景になぞらえたことは明らかであろうし、複数の地元伝承を尊重しているのは異説も排除しない水戸史学の立場を表明するものである。『新編鎌倉志』刊行の貞享二年には招聘されていた朱舜水はすでに歿していたが、心越は現に義公に仕えていたのであるから、八景が日本に独自に起こったなどと主張するはずはあるまいと思われる（付記参照）。さらに、その後に続く記述では様々な考証を加えて取捨選択したと水戸史学を評価されているのであるから不可解ではある。もっとも、日本中心主義の反映であるかどうかはしばらく措くとしても、ある意味で前期水戸学に日本中心主義とでもいうべきものがみられることは認めてよいと思う（拙著『現代水戸学論批判』参照）。

七

『増補江戸物鹿子名所大全』収録に釈敬順の「（十方庵）遊歴雑記」という著述がある。敬順は江戸の人、本法寺の住持を退いた文化八年（一八一一）以後の遊歴の跡を記したものが本書であるが、第五十二「能見堂擲筆山の始元」の後半に次のような箇所がある。

その後延宝の頃かとよ、水戸黄門光圀卿は、唐僧東皐心越禅師を具し此地に来りたまひ、唐土の西湖と沙汰する瀟湘の八景に表どり、此地にも八景の地名及び四石八木の号と、八景の詩文七言絶句八首を作れり、後又京極兵庫《ママ》無性《ママ》居士の和歌八首を作り添てより、武州金沢八景の詩歌とてもてはやす事とはなりぬ、詩文八首は心越禅師の作たり、かかれば万里の海陸を経ず、我産れし国に居て程遠き唐土の風色を眼前に見るの勝地、彼西湖の八景といふも、此土地に似たりとあれば、よろづの事何ぞ余国を慕はんや、されば心越禅師は関羽の曾孫にて頗る博識道徳の出家なるに依て、光圀卿は師弟の約をしたまひ、その上御妹君を心越へ嫁せしめたまひ、偕老同穴の絆を以て、永く日本の地に引とどめ置度思召しけるに、年を経るといへども猥敷事曾てなく、却て姫君へ無常苦空の道理をしめし、参禅悟道のをしへ豆やかなれば、姫君も頓て開悟したまひけり、相州鎌倉の英勝禅寺といへる尼寺の始元是なり、然しより以来能見堂の名高く、四石八木の号及

び八景の詩歌を、世に伝える事全く光心両哲の学解によるものなり、且能見堂をくだりて金沢に
　止宿せんには、名主五郎右瀬戸橋あづまや安右橋本等をよしとす、

前半（省略）には能見堂および金沢八景の現況が詳細に記されている。文化年間ともなると他にも関連の記述が散見するが、これほど詳細な記述は見当たらない。掲げた後半には義公・心越と八景の関係がみえるが、傍線部分も含めてこれらはほとんどが訛伝である（文政十二年成立の『鎌倉攬勝考』、天保六年成立の『鎌倉御覧日記』、天保年間の『江戸名所図会』、安政二年成立の『江の島紀行』などには心越の八景詩に関する言及がみられる）。しかし、当時すでに心越による八景詩が流布し、「光心両哲」すなわち光圀（義公）と心越の役割が高く評価されていたことが窺えるのである。

最後に金沢八景詩の成立についてまとめておくと、心越は貞享三年七月の長崎行の帰途、すなわち翌年の四月ごろに金沢に立ち寄り、その際の心象によって詠詩し、その完成がさらに翌年の夏であったとすることができよう。しかし、詠詩による八景の地名が心越の創案であったかどうかは即断できないのであって、直接に結びつくとは思われない。それは内川暮雪の内川の地名が未解決だからである。すでに指摘したように『鎌倉日記』や『新編鎌倉志』に内川の地名がみえていないことは、少なくとも心越（周辺の人物の示唆も含めて）が八景のすべてをこの両書（主として『新編鎌倉志』）からの示唆によったとはいえないからである。

なおかつ、当時の絵図（享保十六年が上限）からも内川の地名が確認できないことは金沢八景と心越との結び付きが完全ではないことを示しているからである。博雅の諸子の明証を待ちたいと思う。

補注

本文中に未記載の論文は、次の通りである。

前田元重氏『三浦古文化』第三十三号収録「金沢八景絵図考」

同　『三浦古文化』第三十七号収録「武州金沢金龍禅院の刊行物について」

西岡芳文氏『金沢文庫研究』第三三六号収録「瀟湘八景から金沢八景へ」

永井晋氏『国立環境研究所研究報告』第一九七号収録「八景の分布と最近の研究動向」(金沢八景のビュースポットと中心地)

注記文献の他に『水戸義公全集』中巻、白石克氏編『新編鎌倉志(貞享二刊)』、『鎌倉市史』近世近代紀行地誌編等を参照した。

付記

山科道安《やましなどうあん》の『槐記《かいき》』(享保九年正月から二十年正月までの折々の話題を記したもの)に安積澹泊《あさかたんぱく》が進藤大和守泰通を通して関白近衛家熙《いえひろ》に「八景ノ出処」を尋ねたところ、家熙が「東坡八景ノ詩アリト云人アレドモ、未見、第一ノ違ヒハ、八景ニ載タル名所ノ名ハ、皆瀟湘ニシテ、西湖トハ遙ニ別ナリ(後略)」(日本古典文学大系『近世随想集』収録による)と詳細な回答を寄せたことがみえている。

(『水戸史学』第八十七号　平成二十九年十一月)

二　義公と泰澄和尚

義公は鎌倉紀行の際に白山の開祖である泰澄《たいちょう》和尚《かしょう》に関心を寄せているが、それは具体的にどのようなものであったろうか。以下『鎌倉日記』や金沢文庫に所蔵されていた『泰澄和尚伝記』をめぐる事情の中に探ってみたいと思う。

具体的な泰澄和尚の足跡伝承は、『鎌倉日記』(『水戸義公全集』中に収録)の「江島」の項に次のように述べられている。

それより後縁起を見る。其略曰、武烈帝の時、金村大臣と云長者、子十七人ありけるに、皆五頭龍王に取るるとぞ。龍口寺の東の端に長者谷と云所あり。此の時西の山沸出づ。弁才天女示現して五頭龍王と夫婦と成。欽明帝貴楽元年(壬申十三年)四月十四日、東の山を諸神筑き成けるとぞ。此地の開基は役行者なり。次に泰澄、次に道智、次に弘法、皆此に来り居る。次に文徳帝仁寿三年慈覚上の宮を創造す。(中略)龍口山の後に当りて、阿弥陀池、光明真言池とて二つありしを泰澄祈つふすとなり。(原文はカタカナ表記。以下の引用も同じ。)

義公は「江島縁起」によって泰澄の足跡を知ったのであるが、この縁起の記載はやや簡略ながらも貞享二年（一六八五）刊行の『新編鎌倉志』にもみえている（なお、収録の宇賀弁才天女下宮鐘銘にも越知の泰澄とみえ、宝暦十二年成立の『東海済勝《せいしょう》記《き》』や安永八年成立の『山東遊覧志』という紀行文にも『新編鎌倉志』によった記載がある）。

泰澄は白山信仰の開祖で、天武天皇の時代に越前に誕生し、後に越の大徳として仰がれた高僧である。この泰澄の生涯を伝えているのが『泰澄和尚伝記』（伝記については平泉澄博士の校訂本を参照。『藝林』第六十七巻第二号に翻刻）であり、この書物を水戸の史臣が金沢文庫で収集しているのである。それは貞享年間（延宝七年史臣力石忠一《りきいしただかづ》が金沢本日本書紀神代巻二巻を鶴岡供僧荘厳院に得、また貞享二年季春史臣が称名寺に来て多くの書を筆写したという）といわれているが、かつて彰考館に所蔵されていた（戦災で焼失、その写しが東大本『泰澄和尚伝記』であるが、加賀藩の津田太郎兵衛光吉が記した「称名寺書物之覚書」に「泰澄和尚伝白山縁起」（十五枚一冊）と「泰澄和尚伝記」（七枚一巻）がみえ、奈良西大寺蔵の「享保公用録」に収める享保三年の「書籍目録」に「泰澄和尚伝記　一巻」とみえるという。また称名寺二代長老である劔阿《けんな》の手沢本でもあり、劔阿の神典研究とともに白山信仰の東国進出と関連し注目されるものという。なお『彰考館図書目録』戌部仏書の項に「泰澄和尚傳白山縁起」（神興上人注記）という写本がみえている）。

義公は江ノ島に先立って金沢文庫を訪問している。『鎌倉日記』の「称名寺（附金沢文庫）」の項には、

昔の盛なる時、唐土より書籍多く船に載せ来て此の地に納む。所謂金沢の文庫なり。儒経には黒印、仏書には朱印にて金沢文庫と云文字あり。今は書籍四方に散うせぬとなり。一切経も切れ残りたるを、本堂に籠置たりとぞ。

とみえているが、この記載は林羅山の「丙辰紀行」によったもので後やや増補されて『新編鎌倉志』にも採用されている。『泰澄和尚伝記』については両書ともふれるところがないが、伝記の採取が貞享二年季春のことであればこの年八月の刊行本にみえていないのは時間的に無理だったということなのかもしれない。

○

『源平盛衰記』は広くみれば『平家物語』の一本といわれているが、時代の転換期の史料として義公が注目し、『保元平治物語』や『太平記』とともに参考本の編纂を行なっている。他の二著が刊行されたのに対して、最終的に『参考源平盛衰記』は刊行されなかったようである。ただ、正徳本『新編鎌倉志』の「彰考館訂本刊行目録」（末尾に正徳三年癸巳正月吉日とみえる）に他の二著とともに「同源平盛衰記」とみえており、書名の下に「入銀」と記載されているので刊行の予定だったことは確かである（ちなみに「舜水先生文集」にも「入銀」との記載があり、後に刊行されている）。

『参考源平盛衰記』巻四の「涌泉寺《ゆうせん》喧嘩の事」という条の末尾の箇所に泰澄について記された次のような注記がある。この注記は本文の「鎮護国家の大徳神融禅師」に付されたものである。

元亨釈書を按ずるに、泰澄、姓は三神《みかみ》氏。越の前州、麻生津《あそうづ》の人。父は安角《あずみ》、母は伊野《いの》氏と云々。澄、越知峰に在り。常に白山を望みて曰く、彼の雪岳必ず神霊有らん。我登りて之を見んと。養老元年彼に至り、果《はて》に妙理大菩薩を感ずと云々。初め大宝二年、文武帝伴安に勅し、澄を以て鎮護国家法師と為す。養老の法効擢《ぬきん》でて供奉《ぐぶ》と為し、神融禅師と賜号し、授くるに禅師位を以てす。

天平の効、大和尚位を授け、改めて「泰證」と号す。澄奏して曰く、願くは「證」を以て「澄」に作らんと。蓋し父の諱を忘れざる也。上之を聞き龍顔潜然たり。乃ち号を「泰澄和尚」と賜ふ。澄落髪してより未だ名づくるに暇あらず。俗呼びて「越《こし》の大徳《だいとこ》」と為すと云々。

余は考ふる所無し。

一宮記《いちのみやき》に云く、加賀国石川郡白山比咩《しらやまひめ》神社、下社は伊弉冊尊《いざなみのみこと》、上社は菊理姫命《きくりひめのみこと》也と云々。此に拠れば則ち下段に白山を以て国常立尊《くにとこたちのみこと》と為すは非也。第二十九巻三箇の馬場の願書の若《ごと》きに至りては、白山の本地観音大士と云ひ、砺並石合戦の段に金剣宮の本地不動と云ふの類は論ずるに足らざる也。凡そ本書・諸本、往々此の如きの妄説未だ必ずしも枚挙せず。

前段の引用三箇所は確かに『元亨釈書』巻十五にみえており、正確な引用である。「余」は今井弘済か内藤貞顕であろう。後段の「一宮記」にみえるところは管見の範囲では必ずしも確認できていないが、第二十九巻「三箇の馬場願書」については同巻にみえる「加之、白山の本地観音大士は、怖畏急難の中に於て、能く無畏を施す」のこと、「砺並石合戦の段」にみえる金剣宮については「金剣宮と申すは、白山七社の内、妙理権現の第一の王子におはします。本地は倶梨伽羅不動明王なり」のことを指し、これらを妄説として退けている。

やはり第二十九巻「三箇の馬場願書」の条に、

以上、白山権現の一節、元亨釈書と大同小異。然れども当時の事蹟に与《あず》からず。故に略して採らず。

との注がみえるが、これは白山三所権現に関するものであり、

峻嶺高々として、忉利の雲も手に取るべく、幽谷深々として、風際の底も足に踏みつべし。効験一天に聞え、利益《りえき》四海に普《あまね》し。

の下に付されたものである。今日、「三箇の馬場願書附白山権現垂迹の事」にみえるこの箇所は『泰澄和尚伝記』（天徳の古伝）からの抄出といわれている。

水戸の史臣が折角金沢文庫から『泰澄和尚伝記』を収集しながらも、『参考源平盛衰記』の校訂に参照されなかったことは誠に遺憾というほかはない。しかも、義公が「江島縁起」を閲覧し、『鎌倉日記』にその梗概を略述して泰澄にまで及んでいたこと（更には『新編鎌倉志』の刊行も含めて）を思えば尚更との感を深くする。

なお蛇足ながら、貞享二年の史料採訪時（中国・九州・北陸をめぐって半年に及ぶ）、佐々宗淳《むねきよ》と丸山可澄《よしずみ》の一行は泰澄の生誕地である麻生津（福井市域）と平泉寺（白山社）を訪れていることを付記しておく（但野正弘氏『新版佐々介三郎宗淳』参照）。

三　平泉澄博士の金沢文庫研究の意義

一

平泉澄《きよし》博士の金沢文庫の研究を収めた著書『中世に於ける精神生活』は「大正史学の新風」として注目されたが、四半世紀を経てこの研究に真っ向から異を唱える研究が出現した。それが関靖氏の『金沢文庫の研究』であり、博士の結論を悉く否定されたのである。本章では関氏の主張が果たして博士の研究を否定するに足るものであるかどうかを検討した。検討にあたっては、関氏が取り上げている史料や事象によりながら、その妥当性を検証することを主とした。その結果、関氏の主張が必ずしも博士の主張を否定するには至らないものであることを論証し得たと思う。

もとより、関氏の研究には随所に優れたところがみられ、箇々の事例においては平泉博士を評価された箇所もあり、学界への裨益には多大なものがあると思う。しかしながら、博士の結論の否定に至る経過には論理の矛盾があり、本章はこれを衝いたものである。

平泉澄博士の金沢文庫研究というのは、大正十五年四月に国史研究叢書第一編として刊行された『中世に於ける精神生活』（平成十八年に復刊）の「六、金沢文庫と足利学校」の前半の記述のことである。この研究の末項は「金沢文庫の意義」であるが、その最後に次のような一節がみられる（三一〇頁、復刊本では二二九頁）。

従来或は「金沢称名寺の内に文庫を立て、和漢の群書を蔵し、読書講学に志あるものをして、貴賤の別なく寓居せしめ」たと云ひ（佐藤誠実氏『日本教育史』）、或は「釈万里の外、当年の大家兼好法師の如き、太田道灌の如き、武州金沢の地に遊び、古来の簡編を繙き、以て学を研き世教を補へり」と云ふなど（川田鉄弥氏『日本程朱学の源流』）、今に於いては全く否定せられなければならない。

結論であり、いわば先行研究の否定なのであるが、まずはこの先行研究を確認しておこう。佐藤氏の『日本教育史』（東洋文庫に収録）は第一篇が総説で、第二篇から第七篇までが時期区分しての概説であるが、各時期は項目毎に分類しての記述がなされている。第五篇の場合は「後鳥羽天皇文治元年に起り後陽成天皇に訖る」時期が該当し、文学・絵画・天文・暦術・漏刻・医術・兵学・神道・宗教・音楽・蹴鞠・茶道・香道・挿花・農業・工芸・商業・女子教育・結語と分類され、さらにそれぞれに細目が立てられている。平泉博士の引用は文学の項目の学校

中世に於ける精神生活

の条にみえているが、その根拠が示されているわけではなく、あくまでも推測を含む叙述である。

川田氏の『日本程朱学の源流』は明治四十一年に刊行された本文百五十一頁の冊子であるが、八章立ての中世学問史ともいうべき著述といえる。第四章が金沢文庫の記述であるが、わずか七頁の分量であるから概説に止まるというべきであろう。とはいうものの、文庫設立の経緯や具体的な蔵書に及びその梗概を叙述している。博士の引用は最末尾の二行が該当する。

これらの先行研究に対して、博士の史料に基づく実証的な研究は「大正史学の新風」(復刊本収載の時野谷滋氏解説)として世に注目されることとなったのである。

二

平泉博士が金沢文庫の研究を発表されて以来四半世紀を経た昭和二十六年に長らく金沢文庫長を務められた関靖氏によって『金沢文庫の研究』(以下、本書と表記する)が刊行された。本文(年表を含む)だけでも七百頁を超える大冊であって学士院賞受賞研究でもある。誤解を恐れずに本書を一言に要約すれば、平泉博士の主張に真っ向から異を唱えた研究ということができよう。先行の研究が後世の研究を導きつつも批判に晒されることは常であり、平泉博士の研究もまたその理から逃れることはできない。しかしながら、その批判は学問的手順に則って正しい史料把握のうえに行なわれるものでなければ真の批判とはなりえないし、また学問の向上に寄与することはできないであろう。果たして関氏

金沢文庫の研究

の研究はいかなるものであったのか。

本書の観点は多岐にわたるが、主要な研究は金沢文庫本と金沢文庫印に関するものといってよいであろう。以下、金沢文庫本に関して平泉博士の研究に対する批判を検討してみよう。次の記述は二九九頁から三〇〇頁にかけてのものであるが、煩を厭わず掲げる。

この機会に、「中世に於ける精神生活」所載の金沢文庫本について私見を述べると、従来金沢文庫本として世間に伝へられてゐるものは、前掲の所謂金沢本で、その数量は相当に多い。所が同書に載せた金沢文庫本は極めて少量である。或は故意にその数を少くしたのではあるまいかとさへ思はれる。即ち、

（イ）金沢文庫本なりと伝ふるものとしては、「東坡集」、「漢雋《かんしゅん》」、「太平聖恵方」、「東鑑」、「続日本紀」、「斉民要術」、「本朝文粋」の七部だけを挙げ、次に

（ロ）金沢文庫の印記あるものとして、「論語正義」、「春秋正義」、「太平御覧」、「世説新語」、「景文宋公集」、「楊氏家蔵方」、「外台秘要方」、「病源候論」、「文選」、「白氏文集」、「清獬眼抄《せいかいがんしょう》」の十一部を挙げ、次に

（ハ）金沢氏其他の奥書あるものとして、「群書治要」、「左伝」、「尚書正義」、「律」、「令義解」、「令集解」、「本朝文粋」、「法曹類林」、「百錬鈔」

の九部を挙げただけである。①この書目を通覧した瞬間に、これは唯「右文故事」に載せられてゐるものだけを拾つたものではあるまいかと感じた。しかもこの分類には不可解の点がある。(イ)に於て「漢雋」を挙げてゐるが、恐らくは著者はその所在さへも知つてゐないであらう。②又「東鑑」を挙げてゐるが、これは転写本である。更に③「本朝文粋」を挙げてゐるが、この原本は第一の一冊だけが金沢文庫に伝存してゐるが、他には転写本と思はれるものが身延山に所蔵されてゐるだけで、その他一切見当らないのである。そして恐らく著者は金沢文庫現蔵の第一巻も、身延山所蔵の写本も見てはゐまいと思ふ。次に(ロ)に於て金沢文庫印記あるものとして、④「春秋正義」と「清獬眼抄」の二部を挙げてゐるが、両者とも転写本であつて、印記のある筈はない。唯金沢文庫といふ四字が印記の代りに書かれてゐるだけである。そして此処には金沢文庫印記のあるものとして、僅に十一部を挙げてゐるが、現在発見された金沢文庫本で、文庫印記のあるものは、実に六十九部(金沢文庫本一覧参照)の多きに達してゐる。然るに博士はその中の僅かに十一部を挙げてゐるのである。しかもその中二部は転写本であつて文庫印が捺されてゐないのであるから、文庫印記のあるものとしては僅かに九部だけである。⑤それを文庫印記のある全部と見做してゐるらしいのは余りに不思議である。次に(ハ)について考へて見ると、⑥金沢氏その他の奥書あるものとして九部だけを挙げてゐるが、それも金沢文庫本一覧によつて知ることが出来る通り、その数は実に四十四部の多きに達してゐる。

以下に傍線部についての疑義を述べる。

①について、「感じた」も何もない。博士は初めから「予は不幸にして未だ金沢文庫本の原本のすべてを見る機会を有してゐないので、こゝには主として正斎の右文故事による事とする」（二九七頁、復刊本二二〇頁）と断っておられる。

さらに、②で「東鑑」が転写本であることを指摘されて、いかにも博士の論が杜撰のように記されているが、もし誤りがあればそれは「右文故事」の誤りであって博士の誤りではないし、関氏の所謂(イ)に相当する博士の「金沢文庫本なりと伝ふるもの」の下には、割注で「又は金沢文庫によりて写せりといふもの」とある。関氏が転写本といわれるものが、金沢文庫本からの写本であるかどうかは定かではないが、その点を明らかにせず、切り捨てるような指摘は不公平である。

③で「本朝文粋」を問題にしておられるが、博士は林道春の「丙辰紀行」に見えることを指摘されたのであって、これも林道春が江戸時代になってから金沢文庫で見たということであって、素直に読めば「本朝文粋」が江戸初期に金沢文庫に在ったことをふまえて、念の為に「伝ふるもの」の中に含めたものであろう。

④で「春秋正義」と「清獬眼抄」の二著が「転写本であつて、印記のある筈はない」といわれるが、これまた「右文故事」からの引用であって博士の誤記ではなく、また、関氏が「唯金沢文庫といふ四字が印記の代りに書かれてゐるだけ」と指摘されていることからすれば、あるいは近藤正斎の見聞違いかもしれない。

⑤で「文庫印記のある全部と見倣してゐるらしい」といわれるが、これで全部であるとは何処にも

書いていない。そればかりか、博士は黒印朱印について、それが鎌倉時代に作られたものか否かは不明であるとしながらも、足利学校所蔵の「文選」によって、それが室町末期にはすでに使用されていたことを指摘されている。文庫からの散逸も視野に入れている証拠であろう。

⑥に関して、「文庫印記のあるもの」及び「金沢氏その他の奥書あるもの」の現存数を指摘されているのは流石に永年にわたって文庫長を勤められただけあって説得力を持つが、大正の時代と現在では情報の量に差があるのは当然であり、また、博士のこれ等に関する論考は、文庫の性質を考えるためであって、書誌的な研究のためではない。⑤と⑥については、さらに「尚書正義」の解説の後に、博士は「右文故事」は専ら金沢氏より出た称名寺系統の書として「尚書正義」のみを挙げているが、「しかし実際は所謂金沢文庫本には、称名寺僧徒の書写又は蒐集に係るものが頗る多い様である。」と述べておられる（三〇二頁、復刊本二二四頁）。

引用文に傍線を付した六点について思うところを指摘したが、さらに付け加えれば、関氏の引用文には不備がみられる。すなわち、（イ）で七部だけを挙げているとされたが、「続易簡方」を加えて八部である。また、（ハ）には「律」「本朝文粋」とみえるが、実際には「律令」と「続本朝文粋」である（平泉博士の二九七・二九八頁、復刊本では二二〇～二二二頁。なお、イロハは関氏の分類であり、平泉博士の分類は（一）（二）（三）である）。さらに平泉博士の分類項目の（二）は、「金沢文庫印記のみあるもの」（傍線筆者、後述）である。

以上、既に故人となられたために反論不可能な関氏に対して、失礼を顧みず私見を述べたが、平泉博士に対する批判は、引用にも正確を欠いた誤解もしくは早合点ともいうべく、そこからは何か異様なものが感じられる。

三

近藤正斎というのは北方探検で知られる近藤重蔵のことで、後に幕府の書物奉行となり、その時の調査研究が「右文故事」である。平泉博士も述べられているように「右文故事」凡そ三十巻は附録五巻のうち前三巻が金沢文庫の研究である（後二巻は足利学校の研究）。この金沢文庫の研究を一般に「金沢文庫考」と呼んでいる。『近藤守重事蹟考』にもその書名はみえているが（関氏六三〇頁によれば、正斎が称名寺に寄贈したものは「御本日記附注」と「右文故事附録」からの抄出という）、以下筆者が参照するのは明治四十四年に金沢文庫から刊行された冊子である。この冊子には正斎全集からの転載に加えて「称名寺什宝目録」を附載しているが、「右文故事」にみえるその他の関連記載は収録されていない（昭和五年に神奈川県が刊行した同名の書には他の関連記載である「御本日記附注」の一節が収録されている）。

関氏が（イ）（ロ）の項で指摘される書物はすべて「右文故事」で確認することができるが、（ロ）に関して「右文故事」からは（ハ）に挙げられている『群書治要』『尚書正義』『続本朝文粋』等には文庫印存在の記述が確認できるのであるから、「のみ」をはずしてしまうと（ロ）と（ハ）の区別が無意味になってしまうのではなかろうか。（ハ）については「令義解」「令集解」以外は「右文故事」でその書名が確認できるが、それに加えて実際に奥書等を点検されたと思われる。そうでなければ、個別の記載が不可能であるからである。

いずれにしても平泉博士は「予は不幸にして未だ金沢文庫本の原本のすべてを見る機会を有してゐないので、こゝには主として正斎の右文故事による事とする」（前出）と述べられ、また書名を挙げる際には「右文故事によれば」と前置きしておられ、その点博士の掲出は正確であるから、関氏が「故意にその数を少なくしたのではあるまいか」とされるのはまさに「不可解」といわなければならない。

四

冒頭に引いた平泉博士の結論の箇所に川田鉄弥氏『日本程朱学の源流』の引用がみえているが、川田氏の叙述はあくまでも推測であり仮想である。川田氏は本文では引用の直前に釈万里、中程に道灌の『慕景集《ぼけいしゅう》』にふれたのみで兼好法師には言及されていない。しかも引用の史料からでは万里と道灌に関しても金沢文庫や称名寺との何らかの関係が推測されるのみで「古来の簡編を繙き、以て学を研き世教を補へり」という事実を確認することはできないのである。ましてや兼好法師に関しては史料の提示がなされていないから全くの推測にすぎないというべきであろう。

平泉博士はこれを批判された訳であるが、関氏はまず兼好法師自選の歌集と『徒然草』を挙げて金沢に来訪したことを述べ、ついで新たに発見された称名寺伝存の懸紙《かけがみ》二通を紹介されている。それには「進上　称名寺侍者　卜部兼好状」（もう一通には「謹上」とある）とあり、その断簡を考察して七項を抽出し（誤読がみられるようである）、これによって「川田氏の兼好に関する仮説は事実と断定し得るばかりでなく、兼好は此処に逗留してゐたことさへも察せられることになつた」（五九二頁）と結論されている。この断簡は冨倉徳次郎氏も言及して、「金沢文庫の前身である称名寺と深い交渉があったことが推定できる」（『卜部兼好』三六頁。昭和十八年刊行の『兼好法師研究』でも紹介。さらに林瑞栄氏『兼好発掘』にも詳細な研究がみえる）とされているが、現在では兼好法師ではなく全くの別人のものであることが論証されている（高橋秀栄氏『中世文学』第四十三号所載「兼好書状の真偽をめぐって」及び小川剛生氏『兼好法師』）。

また「兼好家集」については『新編鎌倉志』にもみえているが、ただこれらの史料のみでは金沢訪問や深い交渉の存在が推定できてもやはり「古来の簡編を繙き、以て学を研き世教を補へり」という具体的事実を実証することはできていないと思う。

五

関氏は本論の結論の章において、平泉博士の「金沢文庫の意義」の末尾の箇所（関氏の五七八頁。平泉博士の三〇九・三一〇頁、復刊本では二二八・二二九頁）を掲げた後に冒頭に引いた博士の一節に言及して次のように述べられている（五七九頁）。

佐藤氏の「日本教育史」、川田氏の「日本朱子学の源流」（筆者注、正しくは「日本程朱学の源流」）の文を引用して、今に於ては全く否定せられなければならないと結んでゐる。然し私から言ふと、佐藤・川田両氏の説も或は仮想から出発した説であらう。

佐藤氏や川田氏の言及が根拠を提示しない推測にすぎないことは既にふれた。しかもそれは単なる仮想といつてもよいのであるが、果たして平泉博士の結論も同様に仮想としてよいのかどうか、次にこれを検証しよう。関氏も引用されているが、博士の結論は次の三点に集約される（関氏の五七八頁。平泉博士の三〇九・三一〇頁、復刊本二二九頁）。

①この文庫が中世に於ける一般国民の教育とは殆ど無関係であつた事も亦自ら明かになつた。

②金沢文庫は曾て公開せられた事はない。何人も自由にこゝに入つて読書し勉学する自由を有しなかつた。

③従つてかくの如き単なる書籍貯蔵の文庫は、決して関東の文化の一中心では有り得ない。それは当時の一般国民の精神生活とは関係のないものである。

この結論に対して、関氏は「苟も史料を取扱ふ上には、今少し慎重に考慮すべきではあるまいかと考へる」とされた上で、次のように述べられている（一四二頁）。

事実に於て現在金沢文庫の筐底から、続々としてその反證たるべき文書が発見され、博士の断言が順次に覆されて、博士が仮想的概念の上に立つものと指摘してゐる従来の説の方が寧ろ真に近くなり、却つて博士の説の方が仮想的概念の上に立つものと考へられる様になつたことは、要するに博士が唯従来の資料だけを唯一のものとして、殊更に金沢文庫の価値を過小評価した結果ではあるまいか。

関氏の所謂「続々として」発見された「反証たるべき文書」とはいかなるものであるか、それが博士の結論に対する真の反論となり得るものであるかどうかを検討しよう。関氏は「金沢文庫の利用」を「伝存の図書の借書」によって推定する方法を採られ、そのために関連する文書十八通を指摘されている（五八〇頁以降）。そして、そこにみえる書名のうち外典（仏典でないもの）に限定しただけでも三十二部を数えるとされ、風土記・日本紀・朝野群載・本朝文粋・源氏物語・伊勢物語・大和物語・枕草子・古今和歌集・礼記・論語・尚書正義などを挙げているが、これらの書物が何時、誰が利用されたかが問題となる。何故ならばこれらの書物の利用年代が限定されるか、または利用者が特定の階層に限定され、もしくは少人数である場合は、博士の結論に牴触しないと考えられるからである。

まず年代からみると、文保二年・建武四年・文和二年・享徳二年・寛正五年が確認されるが、その他の文書は月日のみの記載である。鎌倉期に限れば、年代の確認されるのは文保二年の一点のみとなる。人名（発信人）等では貞秀・時通・道鑑・順忍・貞顕（厳密には発信人ではなく筆跡による推定）・禅恵・康円・貞雅等であり、貞秀が五通、他複数通が二名となる。明らかに鎌倉期と確認できるものは二名（順忍・貞顕）のみである。貞顕は金沢貞顕で文庫設立の一門、また順忍は僧侶であるから除外すれば一般人は皆無となるが、このような状況をどのように考えればよいのであろうか。ただ、年代がはっきりしないものの少なくとも貞秀・時通・道鑑は金沢一門ではない人物であろうから一般人の借書として認めてよいかもしれない（なお、貞秀は一門ではないが姻戚関係がある）。何故鎌倉期に限ったかといえば、関氏もまた「金沢文庫の存在は鎌倉期で終つてゐる」とされているからである（四九七頁）。また、「正しい金沢文庫は、室町の初期頃までに全く朽損し果てたものと解するのが正しい見方であると思ふ」（一九二頁）とも述べられているからである。

いずれにしても、関氏が挙げられる事例は平泉博士の①と②に対する反論とはならないように思われる。

関氏は、女房消息や書写本の奥書からも図書の利用者を知ることができるとされる一方、仏典以外でも一門の外は僧侶が圧倒していることにも同時に言及されており、「金沢文庫本や称名寺本が、鎌倉期に於て既に盛んに利用されてゐることを察することが出来る」（五八八・五八九頁）と結論されるのであるから、やはり利用の中心は僧侶とすべきであろう。

以上に見たよう文庫の収蔵図書を永年にわたって精査された関氏にして、なお鎌倉期における一般人による文庫利用の事例をほとんど指摘し得ない現状では、とても関氏が主張するような結論が導き出せる状況とはいえないように思われる。ましてや、関氏は平泉博士が主張される文庫は「南北朝以後」のそれであると把握されているのであるから（関氏の二一五頁。後述する）、鎌倉期の状況を述べても批判とはなり得ないはずである。

ところで平泉博士は「一般国民」と表現されているが、実は次の足利学校の項では「一般士人」との記述をも使用され、

これらは足利学校や金沢文庫が、当時一般士人の教育に直接の関係のなかつた事を示すと共に、

一般士人が何処に学んだかを語るものである。更に直截に云へば、中世に於いて、一般士人が学んだ所は寺院であり、その教師は僧侶であつたのである。

と述べた後、「万里集九は金沢に遊んだ事は遊んだが、川田氏其他が考へるが如く、金沢文庫に於いて研究したのでなく、一切文庫の蔵書を見るを得なかつた事は既に述べた」（以上三三九・三四〇頁、復刊本二五一頁）とも記されている。先に、一般人と表記したのは博士のいわれる「一般国民」または「一般士人」の意味である。

六

次に平泉博士の結論の③について検証してみよう。それは金沢文庫が「関東の文化の一中心」であったかどうかということであるが、関氏は兼好法師の金沢来訪とその詠草、そして連歌の懐紙に言及されている。兼好法師の金沢来訪については既にふれたので、ここでは詠草と懐紙について言及しよう（五九三頁以降）。

詠草は二種が伝えられており、鎌倉末期に称名寺内で行なわれた歌会の記録ではないかと推測されるものである。「詠五十首和歌」と題するものは五名により、もう一つは題を欠くが、九名の詠を四十五首が記されているという。その詠の中に「卜」の字を記した詠がそれぞれ二十首、十一首がみえ、数からは断然多いという。関氏は、これらの詠が兼好の歌集にはみえていないけれどもこの「卜」が卜部兼好の頭文字ではないかと推測されるのである。

懐紙（連歌の記録）は大きく正慶元年（北朝年号、一三三二）九月十三夜に阿弥陀堂で、また翌年の元弘三年（南朝年号、一三三三）十月廿三夜に称名寺で開かれたものとの二種に分けられる。阿弥陀堂は称名寺のことであるが、参加者は九名であり、詠草二種とは重複しないとのことである。そして顕時の死が正安三年（一三〇一）三月二十八日であり、正慶二年が三十三回忌に当るところから何らかの関係（要するに追善供養）を推測されるのである。

更に関氏は称名寺で行なわれた講座についても言及されている。講席をひらいたのは第三代長老の湛睿で、文保二年から入寂（正平元年）の頃まで確認できるという。しかも、その講座が開かれていた寺院の一部が「金沢学校」と呼ばれたのではないかと述べられている。最後に「金沢学校」について正和元年（一三一二）の「武州六浦金沢学校」という記述を紹介され、次のように結ばれている（六〇五頁）。

以上の如く称名寺内に、種々の講席が設けられるといふことになると、自然四方から好学の人々が蝟集して来る。そして此処に珍籍を儲蔵してある金沢文庫があるとすると、決してこの文庫がそれ等の人々と没交渉であるべき筈はないから、益々盛んにその文庫本の閲覧や書写が行はれてゐたことが想像される。従つて金沢文庫と鎌倉文化との間には甚大な関係が結ばれてゐた筈で、決して平泉博士のいふが如き、当時の文化と無関係な単なる書籍の貯蔵文庫ではなかつたことが立證されるのである。

この結論が本書の本論最末尾の記述なのである。傍線部から窺えるように推測と仮定の記述によっての「立證」であることをまずは指摘しなければならないであろう。このような例証が「関東の文化の一中心」であることとどのように関連するかが問題なのであるが、二種の詠草が鎌倉末期の歌会の記録であれば一つの証拠とはなり得るであろう。時期の問題もあるが、作者も明確ではないから果たして「一般国民」と位置づけられるかどうか疑問がないわけではない。

懐紙（連歌の記録）についても確かに鎌倉最末期のものとはなるが、『太平記』第七の「千剣破《ちはや》城軍《いくさ》の事」には楠木攻めの最中に一万句の連歌が行なわれていることがみえ、後世ではあるが『水無瀬三吟百韻』（追善供養としての実施という観点からみれば共通性があろう。「二条河原落書」をみれば当時連歌が盛んに行なわれたことは容易に察せられる。時野谷滋氏『大欅《おおけやき》集』参照）などの事例からみて、称名寺で行なわれたからといってそこが「一中心」といえるかどうかは疑問である。むしろ、条件（気運）さえ整えば戦の最中でも時と所を選ばずに実施が可能だったことを重視してもよいのではあるまいか。蛇足ではあるが、関氏は「この人心動揺の最中に於て、金沢称名寺が超然と風雅の道にいそしんでゐたといふことは誠に不思議ではある」（五九九頁）と述べられているが、時期は幕府軍の千剣破攻めと同年（元弘三年）のことである。

講座についてては称名寺内で度々行なわれたことは認めてよいであろうが、それはあくまでも僧侶の間のことであるから、いわゆる教材も仏典ということになろう。従って、やはり「一般国民」と位置づけることはできまい。とはいうものの、広義にみれば鎌倉期の文化の一端（詠草や懐紙も含めて）とすることはできよう。また「武州六浦金沢学校」などの記載から「金沢学校」の呼称は認められてよいが、その実態は不明とするほかはなく、称名寺内における僧侶の研修上の機能とでもいうべきものであろう（結城陸郎氏『金沢文庫と足利学校』）、また僧侶研鑽の学山としての役割を考えることはできよう（納富常天氏『金沢文庫資料の研究』）。

以上のように、関氏が「立證」されたという平泉博士に対する批判は主要な部分においては効果を発揮していないと思われる。それは何故なのであろうか。以下、これを検討することとしよう。

金沢文庫と足利学校

七

冒頭に引いた平泉博士の佐藤氏と川田氏への批判を再度確認してみよう。佐藤氏は「読書講学に志あるものをして、貴賤の別なく寓居せしめ」と述べられているが、これは要するに希望すれば誰でも身分を問わずに滞在して研究が可能であったことを意味する。関氏の挙げた事例からはこれを確認することができないことは明らかであろう。むしろ、鎌倉期に限定すれば、関氏自らの記述が却って博士の批判の的確さを証明しているように思われる。

また、川田氏が述べられる義堂の『空華集』、道灌の『慕景集』、道灌と交遊があった万里集九『梅花無尽蔵』などによる言及は十四世紀半ば以降の文庫に関するものであるが、それらに関しては博士確認できる。ただ兼好法師に関しては鎌倉期となるから、ここでは直接の対象とはならないであろう。

以上を要するに、金沢文庫（特に存在の期間）をどのように考えるかということの問題に帰着する。一体金沢文庫とは何なのか。この解明が重要な鍵となるであろう。平泉博士の金沢文庫把握に関して、関氏は「概括的に金沢文庫は単なる書籍の貯蔵所であつたとか、非公開の文庫であつたとかいふのは、頗る非論理的の説の立て方ではあるまいか」とした後に、次のように述べられている（二一五頁）。

私からいふと、平泉博士の文庫といふのは南北朝以後の文庫、即ち称名寺文庫となつてからのもので、正しい意味の金沢文庫について説を立てゝゐるのではない様に考へられる。それが一種の書籍貯蔵所であり非公開の文庫であつたのは寧ろ当然のことで、何も事新しく喋々する必要はないと思ふ。

関氏が「平泉博士の文庫」を「南北朝以後」と把握したことは果たして正しいのであろうか。博士の小見出しを掲げてみると、次の通りである。

一　はじめに
二　金沢文庫に関する中世の文献
三　金沢氏と称名寺との関係
四　金沢文庫本の由来
五　金沢文庫の意義

漢数字の番号と「はじめに」は筆者が便宜上加えたのであるが、二では確かに「南北朝以後」を言及対象とされているけれども、三は文庫の背景として鎌倉期の金沢氏と称名寺の関係を考察され、四では金沢文庫本の奥書によって鎌倉期の文庫本を検討されているのである。従って博士は「南北朝以後」に限定されているわけではなく、それは四に博士が次のように述べられていることからも明らかである（三〇五頁、復刊本二二六頁）。

是を以て見る時は、金沢文庫は、どの時代に於いても、決して公開された自由な研究室とはなつてゐなかつた。それは単に金沢氏の旧蔵書と称名寺伝来の書籍との蓄積保存に過ぎない。尤も、まゝ金沢文庫本の他に転写された形跡はあるが、その故に之を公開の図書館であつたと云ふ事は出来ない。

傍線部に留意すれば限定されたものではないことは明らかであろうが、この文に続いて万里集九の『梅花無尽蔵』にみえる詩序にふれて、万里が文庫の本を見ることができなかったとされ、「金沢文庫は、果して公開図書館では無かつたのである」（三〇六頁、復刊本二二七頁）と再度（博士の結論②参照）述べられているのである。だから「公開された自由な研究室」「公開の図書館」というキーワードを押さえてこそ初めて博士の主張が正しく理解できるのである。

八

ところで、関氏は本論第一章第七節の「活動」において、関連の記述を室町期の『鎌倉大草紙』から近代の『日本中世史論考』(大森金五郎氏著)に至るまで十一箇所を抽出されているが(その中に佐藤氏と川田氏の記述も含まれている)、これらの記述は時代が降るにしたがって詳細となるが、別に新しい資料が加えられたわけではなく解釈が合理的になってきただけだと述べ、平泉博士の説もその延長上に位置づけられているのである(二一二～二一四頁)。しかも、「その公開非公開に関する資料の持合せはない筈である」(二一四頁)と述べている。関氏は博士に対する批判の言辞を繰り返し述べているのであるが、博士の主張を正しく理解しているとはいえないことは、これまでの指摘で明らかであろう。もし博士が「事新しく蝶々」されたとすれば、それは佐藤・川田氏の言及に対してであり、具体的な資料に基づいての批判を展開されただけなのである。

かくして「正しい金沢文庫」を主張された関氏も、確実な文庫公開の資料を提示されたとはいえず、氏もまた「仮想」の理解の上に平泉博士に対する「非論理的」な批判を展開されたにすぎないのであって、今なお平泉博士の「それは関東文化の一中心では有り得」ず、「一般国民の精神生活とは関係ない」存在であったとする結論は揺るがず、金沢文庫研究は大きな意義を保っているといわなければならないであろう。

関氏の平泉博士の結論に対する執拗なまでの反感は、あるいは氏の金沢文庫に対する深い愛情（あるいは思い入れ）によるのかもしれない。その心情には同情を禁じ得ないとしても、史実を情によって左右することは許されるべきではない。敢えて反正の筆を執った次第である。

付記

平泉博士は大正十五年五月に発表された「渓嵐拾葉集と中世の宗教思想」（昭和七年刊行の『国史学の骨髄』収録）という論文に、称名寺の二代劔阿《けんな》の筆による「日本書紀神代巻」の奥書を紹介してその一部を引かれ、また劔阿が丹鶴本日本書紀を残しており、さらに鎌倉の末と南北朝の初めに称名寺に於いて「古語拾遺」（三部あり）が写されていることにもふれておられるので、僧侶の活動にも十分に傾注されていたことが窺える。ちなみに『中世に於ける精神生活』の序の日付は同年三月十日である。

なお、復刊本は新装本として平成十八年に錦正社より刊行されたが、筆者も校正等のお手伝いをさせていただいた。

四　平泉澄博士の金沢文庫研究の意義（補遺）

一

前章では平泉澄博士の金沢文庫研究に対する批判について、その批判の根拠に関しての論理的矛盾を指摘したのであるが、その後金沢文庫に関する更なる研究成果に接したので前章を補ってみたいと思う。

前章で俎上に載せたのは関靖氏の『金沢文庫の研究』における平泉澄博士の言及に対する批判であった。もとより、関氏のこの研究が金沢文庫の研究としては先駆的な位置を占めていることはいうまでもなく、復刊本（『日本教育史基本文献・史料叢書』17）の解説で大戸安弘氏のいわれる通りであろう。すなわち、大戸氏は「画期的な役割を果たした」とされる一方で、結城陸郎氏の『金沢文庫の教育史的研究』（博士論文）にふれて、

この結城の研究が進められたことによって、関の示した中世教育史・文化史上の金沢文庫像は、

部分的に改められるに至ったといえる。しかしながら一方で、関が本書において示した見解には、現在に至るもなお生命を保っている部分も少なくない。このように金沢文庫に関する本格的な研究成果の嚆矢《こうし》というべき本書によって、その全体像の基礎的部分の究明が進められたことを考えるならば、本書は未だ研究史上の価値を失っていないというべきであろう。と述べられているのである。

さて、大戸氏も述べられているように関氏の研究は平泉博士の説に対する疑問から出発しているが、その概要は前章においてすでに述べた所である。また、大戸氏は結城氏によって関氏の主張は修正を迫られることになったとも述べられているが、この修正は実は関氏の平泉博士に対する批判が批判となり得なかったことを証明するものなのである。以下には、結城氏の研究を紹介し、前章の論点を補強しようと思う。

二

結城陸郎氏の『金沢文庫の教育史的研究』は千頁を超える大冊であり、昭和三十七年の刊行である。関氏の『金沢文庫の研究』に遅れること十一年となるが、この研究は関氏の研究に対する批判である。それは序論に「その所論には、なお考察さるべき幾多の問題点の存することは否定出来ないであろう」と述べられていることによって明らかであるが、要するに関氏の研究が平泉博士説への疑問から出発していることと同様に、結城氏のそれも関氏説への疑問から生じているということなのである。その問題とするところは大きく次の三点となる。

①関氏が称名寺ないし称名寺文庫とは並立・二元関係にあり、金沢文庫は純粋なる武家文庫であるとの前提のもとに、称名寺ないし称名寺文庫とは全く独立並存の関係において建設したものとされること。

②金沢文庫の蔵書数は優に二万巻を超過すると推定し、また国書・仏典・漢籍合わせて二二七種を抽出されているが、金沢文庫本の独立並存を前提して金沢文庫本と称名寺文庫本を規定していること。

③鎌倉期における金沢文庫の文化・教育史上の意義の評価に関して高低二説が対立していることについて、やはり金沢文庫の独立存在・称名寺文庫との並存を前提として考察されていること。

そして、これらの説の吟味を行なうに当って、特に重視されるのは「文庫の利用とそれをめぐる教育史的・文化史的側面」であり、関氏の所論に根本的再検討を加えられたのである。

すでにふれたように結城氏の論点も多岐にわたり、提示解釈される事象も膨大であるから、前章で述べた論点に限定せざるをえないことをお断りしておく。

三

結城氏は、前掲書の「金沢文庫の利用と意義に関する従来の諸説」において積極説と消極説とに二分され、平泉博士説は消極説であり、それを批判されたのが関氏の所論であったとされつつも、次のような疑問を提出されたのである。（以下のルビ、傍線等は筆者）

①然し、同文庫の利用と意義とを右の如くに解するのは、果たして妥当であろうか。何となれば、同（関）博士が、南北朝以後利用されなかった理由を、「称名寺が、主人よりの委託什宝を保護するためにこれが閲覧利用を拒否したもの」と解されているが、これを立証する何らの史料も存しないし、また、既述の如く、図書目録の指出が建武中興政権より命ぜられている以上、その最高支配権が京都に移っており、更に称名寺住持職が同様京都政権の安堵によって保持されていることに徴して、旧檀越《だんおつ》金沢北条氏と称名寺との関係は全く変化しているのであって、その非公開の理由をここに求めることは必ずしも妥当とは考えられない。（六七〇頁）

②文庫古文書中の借書状の中で、宛書の明らかなものは、殆んど称名寺長老乃至は同寺住学僧であって、果して狭義の金沢文庫本借用申込みなりや或いは称名寺本乃至は住学僧私有本に対する借用申込みなりやは検討を要する問題であって、これを直ちに狭義文庫本利用の証左であると断定することには遽かには同じ得ない所である。（六七一頁）

③また、然りとしても、全蔵書数との相対比の面から如何に評価すべきかは別個の問題を胎《はら》むものとすべきである。更に重要なことは、古文書自体は当文庫に存するとしても、果してそれが直接当文庫に関するものなりや否やの史料的意義の問題があるのであり、或いは典籍奥書にしても、同典籍の帰属や利用者及び貸与者の文庫との関係の問題など、史料吟味なる前提条件の問題があるのであるが、かかる面についての検討の手続きは何ら示されていない点、再吟味の要がある。（六七一頁）

そして、これらの疑問の解明のために「古文書を通してみた文庫の利用」について詳細な言及を試み、その最終的な結論として得られたところは次のようなことであった。

以上、これを要するに、金沢文庫古文書・借書文書を通して考察した場合、そもそも、よしそれが武家文庫たる金沢文庫本であれ、称名寺文庫本であれ、乃至は長老、住学僧所持本であれ、借書利用の度は必ずしも大きかったとはいえないし、しかもそれが、極めて限定された範囲の人々の間に限られたことが明らかであるが、ことに武家文庫たる金沢文庫本の利用においては、確認し得るものは僅かに両三例に過ぎないのであって、仮りに長老宛依頼の事例をすべて金沢文庫管理者の立場におけるものとしても、約五〇例、借書利用の半に過ぎないのであり、かくて、少なくとも古文書を通してみた金沢文庫の利用は、一般的に理解されているほどのものではなかったのである。（七五一頁）

さらに教育史的意義に及んでは、

しかして、利用者たる僧侶の所属についてみれば、それが、近隣諸地域在住者にもみられるのではあるが、その大部分は称名寺住学僧であり、乃至は嘗ては同寺住学僧たりしものか、それと親しい者によって占められていることが指摘される。このことは、同文庫の本質が、旧仏教東国弘布の一拠点としての、それ故に学山としての称名寺と同寺の教学活動と密接なかかわり合いをもつことを示すものというべきであろう。かくていわゆる金沢文庫は、武家文庫たる側面と寺院文庫たる側面との、二つの実体と機能とを有し、前者の側面における機能に比して、後者の側面における機能が顕著に発揮されていることが指摘されねばならないが、同時に、その何れの側面においても、典籍貸与の手続きが極めて厳重であり、また借用者側にあっても借用典籍の取扱いに細心の注意を払い、いわば宗教的心情に基づいて取扱われていることは、利用者が僧侶であり、借用典籍に仏典が多いという条件にもよるのであるが、総じて典籍の稀少価値につらなる心情に基づくものであろう。ともあれ、利用者の側面よりみても、また手続きや態度の面からみても、同文庫には、可成りに著しい閉鎖性・非公開性の存することを見逃し得ないであろう。ここに同文庫の史的意義が見出されるというべきであろう。（八五八頁）

と述べられている。とりわけ傍線部に留意すれば、大局的には平泉博士の結論（前章に引いた三点、とりわけ②）を傍証することになるであろう。それは「金沢文庫の利用に関する限り、平泉博士の所論に賛意を示している」（八六六頁）と言及されていることによっても明らかである。

また、結論においては、「いわゆる金沢文庫本は、一般に理解されているが如き、武家文庫たる金沢文庫本ではなく、「称名寺（文庫）本」を以て主体としている」し、「機能的な称名寺文庫の存在を確認し得る」のであり、「称名寺乃至同寺文庫とは全く二元・並立的存在ではなく、同寺乃至同寺文庫を基盤とし、その上に立って成立・存続せるものであり、換言すれば、まさに一元的存在であったといい得る」（一〇八二・一〇八三頁）とも述べられていることは、いわゆる金沢文庫の把握に関して関氏の理解に根源的な変更をせまるものであり、それは平泉博士の主張に対する批判の根拠を失うものとなるのである。

もとより、結城氏は平泉博士の主張に全面的に賛成しているわけではないけれども、それが決して前章で述べたように関氏の主張そのものが平泉博士の批判とはなり得ていないことを否定するものではないのである。

五　誤謬の踏襲
――金沢八景と金沢文庫の研究をめぐって――

一

金沢八景と金沢文庫の研究には多くの業績の積み重ねがあるが、一方では誤謬も少なくない。例えば、林羅山(道春)の「丙辰紀行《へいしん》」(元和二年)の金沢の項にみえる一節が指摘できよう。

北条氏天下の権をとる時に、文庫を建て、金沢文庫といへる四字を、①儒書には黒印をおし、仏経には朱印をつきて蔵め置ける。②越後守平貞顕、この所にて清原教隆に、群書治要を読ませける。③⑤余が見侍りしも文選、清原師光が左伝、教隆が群書治要、斉民要術、律令義解、本朝文粋、続本朝文粋、続日本紀などのたぐひ、其外人家に所々ありけるも、一部も調《ととの》ひたるは稀なり。④一切経も取ほごして、纔残りて金沢にあり。

(『鎌倉市史』近世近代紀行地誌編、傍線等筆者、以下同じ)

この一節に関して、義公光圀の『鎌倉日記』(延宝二年)に「道春丙辰紀行ニ、越後守平貞顕此所ニテ清原教隆ニ群書治要ヲ読セケルト云」との注記がみえているので参考とされたことは明らかである。その箇所を次に掲げてみよう。

昔ノ盛ナル時、唐土ヨリ書籍多ク船ニ載セ来テ此ノ地ニ納ム、所謂ル金沢ノ文庫ナリ、儒経ニハ黒印、仏書ニハ朱印ニテ金沢文庫ト云文字アリ、今ハ書籍四方ニ散ウセヌトナリ、一切経モ切レ残リタルヲ、本堂ニ籠置タリトソ（『水戸義公全集』中巻）

さらに『鎌倉日記』を基礎資料とした『新編鎌倉志』（貞享二年）の「金沢文庫旧跡」の項では次のような記述となっている。

阿弥陀院ノ後ノ切通、其ノ前ノ畠、文庫ノ跡ナリ、昔シ北条越後ノ守平ノ顕時、此所ニ文庫ヲ建テ、和漢ノ群書ヲ納メ、儒書ニハ墨印、仏書ニハ朱印ヲ押ス、印文ハ楷字ニテ、金沢文庫ノ四字ヲ竪ニ書ス、後ニ上杉安房《あわ》ノ守憲実執事ノ時、再興ス、鎌倉大草子ニ、武州金沢ノ学校ハ、北条九代ノ繁昌ノ昔、学問アリシ旧跡也。上州足利ノ学校ハ、承和六年ニ、小野篁《たかむら》、上野ノ国司タリシ時ノ建立ナリ、今度安房ノ守憲実、足利ハ、公方御名字ノ地ナレハ、学領ヲ附シ、諸書ヲ納メ、学徒ヲ憐愍《れんびん》ス、サレバ此ノ地諸国大ニ乱レテ、学道モ絶タリシカバ、此ノ金沢ノ文庫ヲ再興シ、日本一所ノ学校トナル、西国北国ヨリモ、学徒多ク集ルトアリ、管領源ノ成氏ノ時ナリ、其後ハ頽破シテ書籍皆散失ス、一切経ノ切残リタル、弥勒堂ニアリ、

この記述の一部（傍線部）が「丙辰紀行」を下地としていることは認められてよいと思われるが、関靖氏『金沢文庫の研究』（昭和二十六年、学士院賞受賞、博士論文、昭和五十一年復刻、平成四年にも日本教

育史基本文献・史料叢書の一冊として復刻）によると「丙辰紀行」のこの箇所はほとんどが誤りであるとのことである（『鎌倉市史』収録文には関氏の引用と若干の相異がみられる）。要点は以下の通り。

①について、金沢文庫印の正印に朱印はなかったはずであるから墨朱を区別して押すというのは事実に相違している。

②について、教隆は貞顕の祖父貞時時代の儒者であり、実時より早く逝去しており、その頃貞顕はまだ誕生していないから実時の誤りである。

③について、清原師光とは一体誰か。師光の名は中原氏にはあるが、清原氏にはない。文庫の左伝に中原師光の識語は全くない。教隆は本名を仲光と称したので師光は仲光の誤りであろう。

④について、一切経《いっさいきょう》は宋版と思われるが、享保三年の幕府への上申記録によると「一切経三千余巻」のほかに「大般若経三十箱」とあり、大般若経は今でも六百巻揃っているから享保三年頃でさえ三千六百巻以上あったと推測されるが、元和二年頃にはさらに多数であったはずである。したがって、「纔《わずか》残りて」というのは甚だ不思議である。

⑤について、「余が見侍りしも」という書物はどこで見たのか。文選が宋版の六十巻であったとしたら既に足利学校へ出ていたはずであり、その他の書物は慶長七年以前に徳川家康他によって江戸富士見亭文庫等に搬出されていた筈であるから、羅山来訪の元和二年には一部も残っていなかったであろう。

したがって、羅山が実際に金沢を訪ねたかどうかも疑わしいが、さらに文庫の書物の調査も行なわれなかったのであろう。東海道の本筋を通り、後から付近の地名について事蹟や所感を述べたのではないか。刊行は二十三年後であるから、その間に机上の補訂が行なわれたのではないか。特に文庫印に朱墨の別があると記したことは後世の学者を誤らせている、というのが関氏の見解である。

そうとすれば、『新編鎌倉志』の編纂者もまた「後世の学者」の一人に数えられるとしなければならないであろう。

二

『新編鎌倉志』の「称名寺」の項には「大日本国武州六浦荘称名寺鐘銘」と「改鋳鐘銘并序」という鐘銘が記載されているが、今検討するのは後者である。後者には題名の下に二行書きで「入宋沙弥圓種述、宋小比丘慈洪書」とあり、次のような文章がある。

此の鐘文永に成り、正応に虧《か》く。寺にして鐘無かるべからず。因りて微力を励し、并に士女を募り、更に赤金を捨て、重て青鋳を営む者なり。伏して乞ふ、先考、三有を超越して、徳を於宝応声に同じくし、十地に逍遥して、位を於光世音に並べ、四生九類に曁《およ》ぶ。一種の余響に与らん。

銘に曰く、（中略）

正安辛丑仲秋九日、大檀那入道正五位下行前の越後守平の朝臣顕時法名恵日《えにち》、当寺の住持沙門審海、行事の比丘源阿、大工大和の権の守物部国光、山城の権の守同依光前者には文永己巳仲冬七日実時によって寄進せられたものであることが記されているが、それが正応年間に欠損したので改鋳して新たに寄進したことを記したのが後者である。ここで問題とするのは「正安辛丑仲秋九日」という日付である。この日付は正安三年八月九日を意味するが、奉納した大檀那の顕時はこの年の三月二十八日に亡くなっているので、すでに死去している者が何故に半年後に寄進できるのか、というのが先にも述べた『金沢文庫の研究』の著者で初代文庫長を務められた関靖氏の疑問である。

また、このような疑問は早くに近藤正斎（蝦夷地探検で知られる幕臣の近藤重蔵のこと、書物奉行）も抱き、その著「右文故事」に「辛丑ハ即チ三年ナリ。八月九日此銘文アルハ、其卒セル三月ト合ハズ。是卒前ノ命ヲ受テ卒後改鋳ノ日ヲ録スルモノヤ疑フヘシ」と述べていることを関氏は紹介されている（正斎の研究は「金沢文庫考」二冊として金沢文庫に納められた）。

この疑問は銘文の再調査によって一応は解決されることになる。関氏によれば実際の銘文には「正安辛丑仲和九日」とあるという。「仲和」というのは二月の異称であるから、顕時が亡くなる前のことになり、問題は氷解するというわけである。確かに二月であれば全く問題はないことになる。ただ「仲和」が二月の異称であることを筆者は現段階で確認しえないので留保するしかないのであるが、管見の範囲では『全唐文』巻五十二（唐徳宗関係の文書が収められている）に「改二月一日為中和節詔」が収録され、その一節に「自今宜以二月一日為中和節」とみえることを指摘するのみである（『日本国語大辞典』には陰暦二月一日の異称とみえる。そうだとすると、「仲和九日」という表記は一日と九日が重なるので不審とせざるをえない）。まずは関氏の指摘を認めることとして、博雅の諸子のご教示をお願いしたいと思う。

実のところ、この問題（顕時が亡くなった後に寄進したのかという矛盾）は『新編鎌倉志』の「称名寺」の項の冒頭に顕時を説明して「顕時ヨリ金沢ヲ家号トス。顕時ノ法名恵日ト云フ。正安三年三月二十八日に卒ス。牌アリ」とみえているので、銘文の日付との矛盾に気がついたはずであるが、そのことは何も記されていない。ただ『鎌倉日記』には先の引用の直前に「堂ノ左ニ鐘アリ、銘ニ、武州六浦ノ庄称名寺云云トアリ、平実時顕時ナトノ字、略見ユレトモ、銅青浮ンテ文章分明ナラス」とあるから、判読に困難をきたしていたことは容易に推察される。なお、「武州六浦ノ庄」は実際の鐘銘文字に忠実である。

ここでもう少し「仲和」にこだわってみると、この銘文は国光と依光の作（鋳造）であるが、巻三に収める「相模州瑞甕山円覚興聖禅寺鐘銘」にも国光がみえ、その日付は「正安三年辛丑七月初八日」であり、大檀那は貞時（北条時宗の子、執権、この年出家）である。先の改鋳鐘銘と同年の作となる。『新編鎌倉志』には多くの鐘銘が記録されているが、中世に限定して主な鐘銘とその記載の日付をあげてみると次の通りである。

鶴岡八幡宮鐘銘并序	正和五年二月日　応永十三年七月十八日
相州南陽山報恩護国禅寺鐘銘并敍	永和改元乙卯冬十二月日
巨福山建長興国禅寺鐘銘	建長七年乙卯二月廿一日

相州路宝亀山長寿禅寺鐘銘　応永丁丑仲春日
相陽山内松岡東慶寺鐘銘　元徳四年結制後二日
鎌倉栗船山常楽禅寺鐘銘　宝治弐年戊申三月廿一日
證菩提寺鐘銘　文保二年戊午四月日
竹圓山法泉禅寺鐘銘　大歳庚午元徳二年三月二日
海蔵寺鐘銘　応永念二年十一月念二日
長谷寺観音堂鐘銘　文永元年庚午七月十五日
補陀洛寺鐘銘　観応元年庚寅八月日
金剛山崇寿禅寺鐘銘　嘉暦二丁卯年十月五日
瀬戸三島社鐘銘　応安七年四月十五日
龍華寺鐘銘　天文十二年辛丑五月五日

これらをみると「仲和」という文字が極めて特異な使用例であることが理解されるが、他にも用例がみられるのであろうか（宮崎円遵氏の同氏著作集第三巻収録「入宋沙弥円種」には円種による識語奥書が多く引かれているが、それらには通常の日付か干支との組み合わせである。例示すれば、嘉元四年秋八月朔日・丁亥之歳仲冬初二之朝・丁亥之冬・仲冬之日・戊子孟春などであるから円種の作の中でも鐘銘は特殊な事例といえるが、また学識を表明するものでもあろう）。なお、東慶寺鐘銘の「結制」は仏教語で『大漢和辞典』には「一夏九旬安居の制度を結ぶ・安居の行を為す」とみえる。安居は一箇所に閉じこもって座禅修行をすることであり、夏安居《げあんご》ともいう。後述する心越禅師が開山となった天徳寺（後の祇園寺）でも開堂式の後に行なわれたという（杉村英治氏『望郷の詩僧　東皐心越』平成元年）。

三

関靖氏の『かねさは物語』（昭和十三年）は金沢八景や称名寺をはじめとして金沢に関する事項を網羅的に考察した好著であるが、この著でもこの鐘銘に言及されている。それは銘文をあげた後にみえる次の記載である。

> 顕時の銘文中に正安辛丑仲和九日の期日があるが、此所に仲和とあるのを、「新編鎌倉志」では仲秋と誤写した為めに、後年非常に迷惑を与へてゐる。近藤正斉（斎）の「金沢文庫考」にも、同じく之を仲秋としてゐる。所が之を八月九日に鋳造したことになると、顕時はこの年の三月廿八日に卒去してゐるから、この銅鐘は顕時の死後約半年を経て出来たものであることになる。銅鐘の鋳造がそう長くかゝるものとも考へられないから、顕時の死後半年もたつて出来たものに、尚顕時の名を載せてゐるのは不思議であるといふので、正斎の如きは『是卒前ノ命ヲ受テ卒後改鋳ノ日ヲ録スルモノヤ疑フベシ』と頗る苦しい弁解をしてゐるが、実際の銘文の月日は前に引用してある様に、仲秋とはなくして、仲和と記してあるのである。仲和は三月の異称であるから、この梵鐘は顕時の卒前二十日に出来たことになるのであるから、三月九日に顕時の名が載せられ

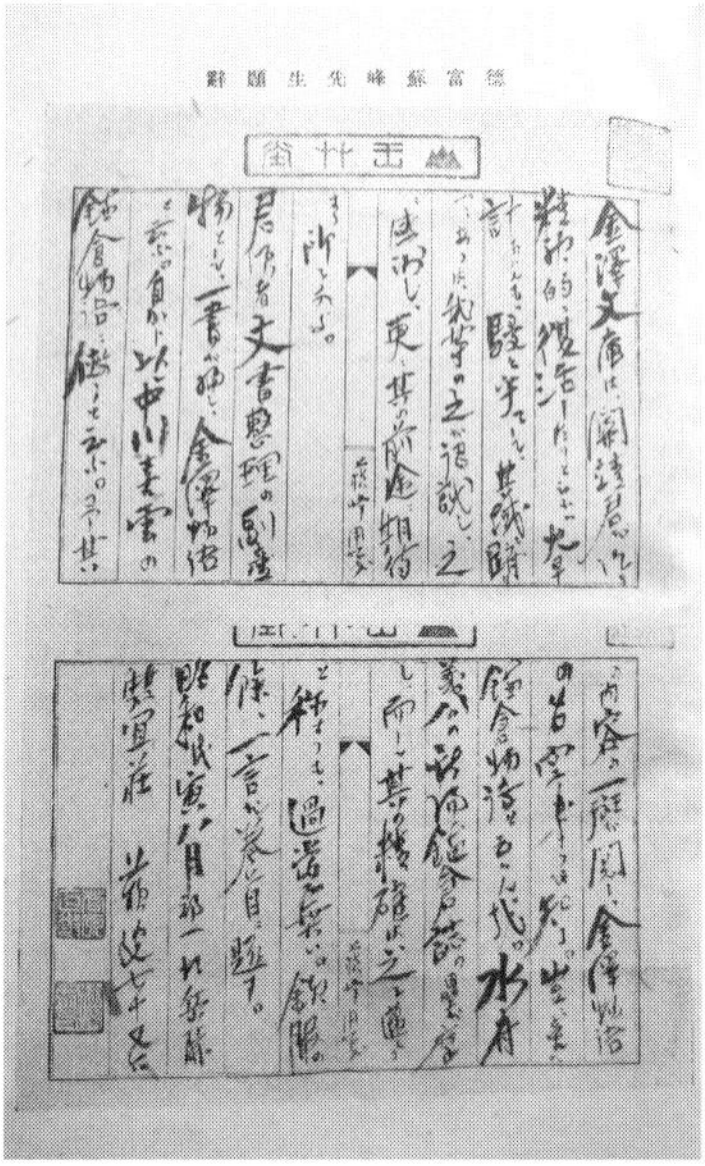

かねさは物語（蘇峰書簡）

てあるのは何にも不思議とするに足らないのである。之は「鎌倉志」が僅か一字を写誤つた為めに、後世に非常の迷惑を与へた一例である。

先に「仲和」が二月の異称であるという関氏の言及を紹介したが、ここでは三月とみえている。これは一体どうしたことなのであろうか。誤植かと思い、正誤表をみるとこれについては掲載されていない（ちなみに、鐘銘の末尾にみえる「大和権守」と訂正されている）。しかし、これは誤植ではない。それは「三月九日」とあり、「卒前二十日」とみえるところからすれば、当初から三月と考察されていたのである。それが十三年後に刊行された著書『金沢文庫の研究』では二月と改訂されたわけであるが、そのことの記載は見当たらない。

ところが、やはり文庫長を務められた納富常天氏の『金沢文庫資料の研究』（昭和五十七年）に収める「鎌倉における華厳教学」（初出は昭和三十九年）にみえる入宋沙弥円種の行状年譜はこの改鋳鐘銘撰文を三月九日とし、別の箇所（三〇一頁）では二月とされているので一貫しない。納富氏は当然のことながら関氏が二月と訂正されていたことを承知のはずと思われるのではあるが、不可解なことである。

ちなみに、鐘銘としては円種唯一の撰文で、『金沢文庫の研究』六二頁には鐘銘が注記されており（誤植あり）、そこには「正安辛丑仲和九日」とある。また昭和三十一年刊行の『金沢文庫古文書』第九輯収録の六七九九号文書はこの鐘銘であるが、やはり「仲和」であり、備考では二月と注記している。これより先、昭和三年十一月刊行の大森金五郎氏『日本中世史論考』収録の「金沢文庫追考」に引く徳富蘇峰氏の論にも「仲和」とあるとするが、蘇峰氏の論は昭和三年刊行の影印本「弘決外典《ぐけつげてん》鈔《しょう》」―金沢称名寺所蔵円種手校弘安本弘決外典鈔　附成簣堂所蔵宝永対校本―の解説のことらしい。関氏の調査時期は不明であるが、神奈川県による文庫の成立は昭和五年であるからこれより以後であろうか。そうとすれば、蘇峰氏の解説は昭和三年二月の刊行であるから関氏の調査より早いことになるが、これより早く大正十年刊行の木崎愛吉氏『大日本金石史』第二巻（昭和四十七年の復刊本では若干の訂正がある）に収める鐘銘も、また何よりも松平定信が編した『集古十種』の「鐘銘之部上」（明治三十六年の刊行本によるが、木版本の刊行は寛政十二年）に収める鐘銘（磯崎康彦氏『松平定信の生涯と芸術』によれば須賀川十念寺の白雲が寛政九年に調査したようである）も「仲和」であることを紹介しておく。

さらに、早稲田大学図書館で荻野三七彦《みなひこ》旧蔵資料として公開の拓本や坪井良平氏『日本古鐘銘集成』（昭和四十七年）収録文ともに「仲和」である。坪井氏は鐘銘の写真も掲げられ、また異称である「姑洗」（三月）・「仲呂」（四月）・「林鐘」（六月）の中世における用例（これらの出典は『礼記』月令である）を若干紹介されているが、「仲和」の他の用例はみえない。

折しも、水戸史学会の宮田正彦会長より坂本太郎博士監修の『日本史小辞典』に「中和」が三月の異称とみえることをご教示いただいた。種々の用例から中と仲は同じ意と解してよいとのことである。その後、角川の高柳・竹内編『日本史辞典』でも同様のことが確認できたが、永井晋氏『金沢貞顕』（人物叢書）の略年譜では梵鐘再鋳を二月九日としている。以上を総合して考えてみると、「仲和」をめぐる問題は依然として混迷の中にあるように思われる。

なお『かねさは物語』は著者歿後の昭和五十九年に復刊されているが、再版本をやや拡大しつつもそのまま印刷したものであるから訂正はない。しかも、初版には正誤表が付されていたが復刊本にはそれさえ付けられていない。誠に遺憾というほかはない。

四

関氏の『かねさは物語』には金沢八景についても詳細な言及がなされている。特に筆者が注目するのは金沢八景について「この八景の名称が、現在の名称に改められたのは、心越禅師来遊の結果であると言はれてゐる」として、心越禅師についてその来遊と義公の招聘にふれ、「少しく身体の調子を悪くしたので、元禄七年九月に、義公の勧に従つて相州塔の沢の温泉に浴すること約半月で、翌年早く江戸に静養してから、再び水戸に帰つて間もなく元禄八年九月三十日に、享年五十七歳で入寂してゐる。」（傍線筆者）と述べられたことである。

そして、金沢八景の成立について言及して貞享元年までは鎌倉（金沢）に来ていないと想像できるとして次のように述べられる。

そして禅師の年譜によると、貞享元年の前年から元禄六年迄は水戸に住んでゐた筈であるから、金沢へ来遊したとすれば、恐らく元禄七年以後のことであらう。そして禅師は同八年九月に入寂してゐるから、或は同七年九月義公の勧に従つて、相州塔の沢へ入湯に行つた往返何れかに、この金沢を通過したのではあるまいか。

この記述で問題なのは「元禄七年以後」や「同七年九月義公の勧」という箇所である。あくまでも仮定であり推測の記述なのであるが、検討しなければならないのはその根拠である。引用の冒頭に「禅師の年譜によると」とみえるが、それは一体どういう年譜なのであろうか。管見の範囲では『東皐全集』の巻末に収める「心越禅師略年譜」かと思われるが、その元禄七年の条に「九月依義公勧、坐湯于相州塔沢凡二七日」とみえているからである。この年譜は編集者が作成したものと思われるが、巻頭には「東皐心越禅師伝」も付されているのである。ところが、ここには、

（元禄）七年春、師微恙《びよう》（病気のこと）を示す。八年義公、勧めて相州塔沢《とうのさわ》に坐湯す。凡そ二七日、一日徒に告げて曰く、我病癒えず。何ぞ幻軀に恋々たらん。九月十四日駕を命じて江府に帰る（読み下し）

と記されている。したがって巻頭の伝と巻末の年譜には齟齬がみられるということになるが、一体どちらが正しいのか。これを決定づけるのは「常山文集拾遺」に収める元禄八年の心越宛義公書簡に「且つ聞く、湯治の行、迩《ちかき》に有り。風露飲食、慎んで珍摂（養生のこと）を加へ、快復の告、翹足《ぎょうそく》して待

つ」とみえることである。義公は湯治療養して快復することを待ち望んでいるというのである。しかし、心越は病癒えず一月足らず（約半月ではなくほぼ一か月）で江戸へ帰り、やがてその月末に水戸で亡くなるのである。したがって、塔の沢湯治は元禄八年のことであり、先の関氏の記述は残念ながら誤っているといわざるをえないのである。

『かねさは物語』は先駆的研究として貴重なものではあるが、後世、しかも近年に至るまで大きな影響を与えているのである。例えば平成五年刊行の『金沢八景　歴史・景観・美術』（金沢文庫特別展図録）、関幸彦氏の『鎌倉とは何か』（平成十五年）、原淳一郎氏の『江戸の旅と出版文化』（平成二十五年）をはじめ、県立金沢文庫が関与した多くの書物や論文では元禄七年か八年頃の成立を説いているからである。おそらくこれらは関氏の著書か、あるいは全集の年譜に依拠したためと推察されるのであるが、実際に全集を繙いて確認すればその齟齬に気づかれたはずである。

参考までに述べておけば、心越研究者たちは決して誤っていたわけではない。杉村氏の前掲書をはじめとして、高田祥平氏『徳川光圀が帰依した憂国の渡来僧　東皐心越』（平成二十五年）、また論文では徐興慶氏『日本漢文学研究』第三号収録「心越禅師と徳川光圀の思想変遷試論」（平成十二年）、井上泰至氏『文学』平成十三年第二号の一収録「市隠の旅―旗本歌人京極高門」などでは心越の金沢八景が貞享四年あるいは翌年の元禄元年の成立であることにふれられている。

齟齬についてもう一例を指摘すると、先にふれた『金沢文庫の研究』にもみられる。関氏は兼好法師の金沢来遊の時期を考察する史料として金沢文庫に所蔵される書状（断簡、金沢文庫古文書五五四号）

を紹介されているが、この書状を金沢貞顕の執事である倉栖兼雄が元弘三年（一三三三）に称名寺長老劔阿に送ったものと考証されている（この考証には異論もあるが今はふれない）。しかし、巻末の年表では文保二年（一三一八）の項に兼雄の卒去が記されているのである。すでに亡くなっている者が十五年後に書簡を送るはずはないのであるが、恐らくは『金沢文庫の研究』が書き下ろしの膨大な原稿のため（それまでに発表された論文を下地とはされたであろうが）に誤られたのではないかと思われる。

なお、兼好法師の書状（断簡、金沢文庫古文書一一二七号）に関して関氏は詳細な考察を展開され、それはさらに林瑞栄氏の『兼好発掘』（昭和五十八年）等に継承されるが、今日では紙背文書の研究からこの書状は全くの別人のものであることが明らかにされている（高橋秀栄氏『中世文学』第四十三号所載「兼好書状の真偽をめぐって」）。高橋氏は、

「眼光紙背に徹する」ということが古文書を取り扱う際の鉄則であり、歴史学に携わる研究者の心すべき態度であるという。なのに関氏も林氏も史学の人でありながら、紙背に眼注ぐということを怠ったきらいがある。かくしてその調査結果は兼好伝の考察に重大な過ちを提示することになった。

と述べられているが、肝に銘ずべき戒めであろう。

研究成果の公表にはそれなりの責任が伴うことは自明の理なのではあるが、誤謬（誤考・失考あるいは誤植も含めて）は誰にでも起こりうる。それは筆者にも経験があるが、若気のいたりとしてご容赦いただくほかはない。大切なことは誤謬に気がつけば素直に認めて訂正することである。反論があればそれでもよし。自戒を込めていえば、要は謙虚な姿勢で対応することである。

以上、主として金沢八景と金沢文庫に関して若干の誤謬の問題を取り上げたのではあるが、後世の研究者もまた確認探究を怠ると誤謬の踏襲に繋がりかねないことを肝に銘じなければならないと思う。

五

以下、蛇足を加える。先にも一部を掲げたが、『金沢文庫の研究』には近藤正斎「右文故事」の一節が注記されている（六三頁）。引用全文は次の通りである。

按ニ「北条系図」ニ正安三年三月廿八日卒トアリ。然ルニ現存称名寺改鋳鐘銘ニ正安辛丑仲秋九日大檀那正五位下行越後守平朝臣顕時法名恵日トアリ。辛丑ハ即チ三年ナリ。八月九日此銘文アルハ、其卒セル三月ト合ハズ。是卒前ノ命ヲ受テ卒後改鋳ノ日ヲ録スルモノヤ疑フヘシ

関氏は出典を「右文故事」としか記されていないが、「右文故事」は『近藤正斎全集』巻二に収録されている。例言には「右文故事十六巻は御本日記附注三冊、御本日記続録三冊、御写本譜二冊、御代々文事表五冊、御代々御詩歌二冊、慶長勅版考一冊を総括したる名称にして、著者が書物奉行たり

し時、秘庫の書籍を攷證して、徳川氏が文教上の効績を表彰したるなり」とみえている。

そこで全集を繙くと、「右文故事附録巻之一」の冒頭に「金沢文庫」の記載があり、金沢文庫関連の記載は巻之三まで続き、以後は足利学校の記載となるのであるが、巻之一から三に至る文庫関連の記載には関氏が注記される記載が見当たらないのである。幸に筆者は二種類の「金沢文庫考」という小冊子を閲覧することができたが、一は明治四十四年の金沢文庫刊行のもの、二は昭和五年の神奈川県刊行のものである。内容構成に相違がみられるが、ともに写真や他の資料を付加してはいるけれども基本的には全集からの転載である。したがって、そこには関氏の注記部分の記載がみられないのである。

ただ、昭和五年刊行の冊子には全集転載部分の前に「御本日記附註抜萃」と題された記事が五頁にわたって掲載されており、その記事の二頁下段に先の注記の記載がみえているのである。「御本日記附註抜萃」というからには例言にみえる「御本日記附注」に相違ないと判断し、再び全集をめくってみると、果たして「右文故事巻之二」の「左伝」の項目にこの記載を見出すことができた。記載は一三五頁以後の箇所が該当する。

「右文故事」はかなりの分量があるが、その上「金沢文庫」と題する一連の記載があれば誰しもそこに該当のものがあると判断するのではなかろうか（ちなみに石川謙氏も結城陸郎氏『金沢文庫の教育史的研究』に序して「近藤正斎がその『右文故事 附録』において、「金沢文庫」の名において、文庫本の調査を公表して以来」と記されている。傍点筆者）。筆者にとって注記のあり方を考えさせられる珍事となった。

（『水戸史学』第八十八号 平成三十年六月）

六　称名寺の鐘――誤謬の踏襲補遺――

前章に続いて誤謬の問題を取り上げてみよう。心越の「金沢八景詩」に次の一節がある。

夙昔《しゅくせき》の名藍、覚地を成す　華鐘晩に扣《たた》けば、鯨音《げいおん》の若《ごと》し
幽明聞く者、咸《みな》悟を生ず　一片の迷いは離す、祇樹《ぎじゅ》の林

称名寺境内

華鐘は梵鐘の別名という。鯨音は別名の一つである鯨鐘に関連するが、鐘音の形容であって底力強い音の意である。何故に鯨と鐘が関係するのかといえば、班固の東都賦に由来する。それによれば蒲牢《ほろう》という海に住む獣は鯨を畏れていたが、鯨がこれを襲うと大きく鳴くところから鐘音が大きいことを願い、その首を象《かたど》って鐘のかざりとしたという。それが転じて鐘の異名となり、また撞《つ》く者を鯨魚と為したというのである（『大漢和辞典』『国語大辞典』）。詩句の大意を示せば、この寺は古来著名な聖地であり、夕方に叩く鐘は鯨音

のようである。この世でもあの世でもその音を聞けば悟りを拓き、迷いも無くなり祇林《ぎりん》（すなわち寺院）の中にいるのを覚えるというのであろう。この詠が実写であるかどうかはさほど問題ではあるまいが、おそらくは祖国の「遠寺晩鐘」を思い浮かべてのことであったろう。

なお、『新編鎌倉志』（以下『鎌倉志』と記す）に収める「鶴岡八幡宮鐘銘并序」には「蒲牢を撃ちて鯨音を発す」とみえ、他の銘文にも蒲牢や鯨音の文字が散見する。

この称名寺の鐘に関して、関靖氏の『金沢文庫の研究』（昭和二十六年）に次のような記載があるが、小論起稿の因縁はこれである。

顕時は歿年に称名寺梵鐘を再鋳してゐる。この梵鐘は文永六年十一月に、父実時が父母の菩提を弔ふために、亡父七回忌に鋳造して称名寺へ寄進したものであるが、正応の頃に破損してその儘になつてゐたものを、顕時はその改鋳を思ひ立つて、鋳造を当代の巨匠大和権守物部国光・山城権守物部依光二人に、銘文の撰を称名寺学僧の入宋僧円種に、その書を宋僧慈洪に誂《あつら》へて再寄進したものであるから、この梵鐘には実時と顕時と二人の銘文が刻まれてゐる。それが正安三年二月九日のことであつた。処が正斎はそれを八月九日としてゐる。顕時は正安三年三月二十八日に歿してゐるから、正斎の記載によると、この梵鐘は顕時の歿年半ケ年を経て出来たことになる。それを顕時の寄進とすることは不審であるといふことになるので、正斎は多分顕時の遺言によつたのであらうとしてゐるが、これは明らかに正斎の誤で、親しく梵鐘について検すると『正安辛丑仲和九日』となる。辛丑は三年の干支に当り、仲和は二月の異称である。それを仲秋と誤認した結果である。然しこの誤認は寧ろ「新編鎌倉志」にその責があるらしい。正斎は「右文故事」を書き上げるまでは、一回も称名寺へ来訪したことなく、同書からその銘文を転載したものと考へられるからである。（五七頁。明らかな誤植は訂正した。）

顕時は金沢顕時のことで、北条泰時の弟である実泰を祖先とする金沢北条氏の三代目となる人物、また正斎は蝦夷地探検で知られる近藤重蔵のことで幕府の書物奉行を務めた人物である。父実時は実泰の子で、一般に金沢文庫の創設者とされるが、称名寺の鐘はこの実時・顕時父子によって寄進されたものである。その鐘にはともに「大日本国武州六浦庄称名寺鐘銘」と「改鋳鐘銘并序」という銘文が刻まれている。この鐘銘はともに『鎌倉志』の「称名寺」の項にも記載されており、著名なものである。前者は文永己巳仲冬七日実時による寄進の際の銘文であり、その鐘が正応年間に欠損したので新たに顕時が鋳造して寄進した際の銘文が後者である。

後者すなわち「改鋳鐘銘并序」の一部は前章に掲げたが、問題なのは末尾の「正安辛丑仲秋九日」という日付である。この日付は正安三年八月九日を意味するので、この年の三月二十八日に亡くなっている大檀那の顕時が何故に半年後に寄進できるのか、という疑問が生じるわけである。

それは近藤正斎が、その著「右文故事」に「辛丑ハ即チ三年ナリ。八月九日此銘文アルハ、其卒セル三月ト合ハズ。是卒前ノ命ヲ受テ卒後改鋳ノ日ヲ録スルモノヤ疑フベシ」と述べていることにも窺えるが（このことは前章でふれた通り関氏も紹介されている）、この正斎の言は自らが称名寺鐘銘を調査したわけではないことを証明する。それは後述するように鐘銘が「仲秋」ではなく「仲和」であり、もし、実際に調査すれば「仲和」であることが判明し、疑う必要がないからである。

○

そこで、検討すべきは前章でもふれた『鎌倉日記』の記載である。一体、義公や史臣はどのような状況のもとでこの銘文を読んだのであろうか。当時、称名寺はどのような状況にあったのであろうか。これらが分れば「仲和」と判読できなかった事情を窺うことができるように思われるが、遺憾ながら現状では不明とせざるをえない。

今日の鐘楼はいうまでもなく復元であるが、梵鐘は当時のものである（重要文化財指定）。拓本によって文字は容易に知られるから、ともかくも誤読であったことは疑えない。梵鐘が改鋳されたのは正安三年（一三〇一）であるから、義公や史臣が鐘銘を読んだ延宝二年（一六七四）は三七〇年余り後ということになる。それだけの年代を経ていれば梵鐘の腐食も相当に進んでいたと考えざるをえない。だから「銅青浮ンデ文章分明ナラズ」であったのであろう。

ただ、実時や顕時の文字は読み取ることができた。それは銘文に「大檀那越後守平朝臣実時」「大檀那入道正五位下行前越後守平朝臣顕時（法名恵日）」と記載されているので、多少文字が腐食していたとしても、実時や顕時は著名な人物でもあるから人名で

称名寺鐘楼

称名寺鐘銘

あることは容易に知られたのであろう。

次に日付であるが、前者は「文永己巳仲冬七日」、後者は「正安辛丑仲和九日」であり、形は全く同一である（年号・干支・異称・日にち）。判読する際にはおそらくは両者を見比べたであろう。後者の「和」の文字の箇所が判読できなかったとしたら、なおかつ「和」のノギヘンが多少でも推測できたとするならば「秋」と判読したことは十分に納得できるのである。文字は陰刻（鐘を鋳型から取り出した後に鏨で彫り込んだ文字。鐘は銅と錫の合金で製作されるのが通例）で一字の縦横はそれぞれ二センチメートルほどであるから、「銅青浮ンデ」というのは銅が陰刻の部分を埋めていたことを示すものであろう。どの程度の距離から見たのかは分らないけれども、かなり近くであったとしても腐食のために判読が容易でなかったことは十分に推定できる。もし「仲和」の用例が一般的なものでないとしたならば、なおさらのことであり「仲秋」と判読したことはやむを得ないというべきかもしれない（平成三十年六月、筆者も実地に確認したが、微かに判読できる程度であった）。

いずれにしても、貞享二年に刊行された『鎌倉志』には鐘銘が収録されたのであるから、全文を読むことができたわけである。おそらく、それは『鎌倉志』の編集に当っての再調査（文献調査も含む）によってのことであろう。

〇

「仲（中）和」は異名・異称であるが、銘文では通常の年月や干支を他の文字で示すことがある。例えば、紀年に用いる季・歳・稔・祀など、二十（廿）の代わりに使う「念」はよく知られている。月の場合は多様であり、睦月・如月・弥生などは余りにも著名であるが、孟春・仲春・晩春などもよく使われている。また二月の「仲鐘」「夾鐘《きょうしょう》」、六月の「林鐘《りんしょう》」、十月の「応鐘」、十一月の「黄鐘」など鐘の字を使う場合もある。干支では甲が閼逢《あつほう》、乙が旃蒙《せんもう》、丙が柔兆《じゅうちょう》など、子が困敦《こんとん》、丑が赤奮若《せきふんじゃく》、寅が摂提格《せっていかく》などが使われるという（坪井良平氏『梵鐘』昭和五十一年）。

ただ実例を見つけるのは結構むずかしく、管見の範囲では「仲和」の用例は称名寺鐘銘のみである。中世における用例をあげてみると、「姑洗《こせん》」（三月）では応安三年（一三七〇）の「竜蔵寺銘」（周防）、「林鐘」（六月）では明徳五年（一三九四）の「大日寺鐘追銘」（薩摩）、応永二十一年（一四一四）の「光通寺鐘」（河内）、文安五年（一四四八）の「向岳寺鐘」（甲斐）、寛正四年（一四六三）の「小宮神社鐘」（東京）、「仲《ちゅう》呂《りょ》」（四月）では永和五年（一三七九）の「鶴満寺鐘銘」（大阪）などである（坪井良平氏『日本古鐘銘集成』）。もちろん、これら以外にもあるが果たして一般的に通用したのであろうか。主として十四・五世紀に使用されていることは明らかであるが、これは五山文学の隆盛によるものとされている（称名寺鐘銘は十三世紀であるが、近世の鐘銘にも用例がみられる。なお、出典としては『礼記』の月令あるいは音楽用語の十二律によるところが多いが、「仲和」は含まれていない）。

とすれば「仲和」の使用は入宋僧としての円種の学識を示すものであり、鐘銘ゆえに用いたということであろう。しかも、それは円種における唯一の用例であり、決して一般的な用例とすることはできないと思われる。

○

次に称名寺鐘銘そのものについて考えてみよう。この鐘銘が二つの銘文から成ることはすでにふれたが、ここでは前者の「大日本国武州六浦庄称名寺鐘銘」について検討してみよう。とりわけ、第一区（都合四区から成る）にみえる次の語句である（便宜、五言の部分を前段、四言の部分を後段と呼ぶ）。

降伏魔力怨　除結尽無余（魔力の怨を降伏し、結を除きて尽く余り無し）
露地撃犍椎　菩薩聞当集（露地犍椎《けんつい》を撃ち、菩薩聞て当に集るべし）
諸欲聞法人　度流生死海（諸々聞法を欲する人、生死海度流す）
聞此妙響音　尽当雲集此（此の妙響音を聞て、尽く当に此に雲集すべし）
諸行無常　是生滅法（諸行は常無し、是れ生滅の法）
生滅滅已　寂滅為楽（生滅已を滅し、寂滅を楽みと為す）
一切衆生　悉有仏性（一切の衆生、悉く仏性有り）
如来常住　無有変易（如来は常住して、変易有ること無し）

以上は、すべて弘安五年（一二八二）の「大日本国伊豆国熱海地蔵堂共鐘《ママ》」にもみえるものである。この鐘の勧進は極楽寺沙門の忍性によるところであるが、この銘文では第一区の前段と後段の間に七言の八句を挟んでいるから全くの同一ではない。「大日本国伊豆国熱海地蔵堂共鐘」にみえるからといって、これを参考にしたわけではない。というのは「大日本国武州六浦庄称名寺鐘銘」には文永己巳すなわち六年（一二六九）の年次が記載されているからである。それは十三年前のこととなり、むしろ「大日本国伊豆国熱海地蔵堂共鐘」が「大日本国武州六浦庄称名寺鐘銘」を参考としたといえよう。真言律宗という観点からは共通性がみられるからであり、それは称名寺鐘銘の前段が忍性に拠るものであることを証するであろう。「極楽寺鐘銘」は後世（寛永四年の年次がみえる。極楽寺は忍性の住持就任後称名寺とともに律院として繁栄した）のものではあるが、冒頭が前段の句によっていることも考慮してよいであろう。

なお、後段の八句は仏教の真理を表明したものであり、諸行無常偈《げ》といわれる。多くの鐘銘にみられるが、銘文の評価に関しては次の言及がある（和島芳男氏『叡尊・忍性』一六七頁、昭和三十四年）。

顕時は父実時が施入した梵鐘を改鋳し、旧銘に加えて新しい銘文をほりつけ、正安二年（一三〇一）二月供養をとげた。旧銘の文が荘重であったのにくらべて、新銘の文には顕時が家運の没落に当って亡父を追慕する気持がさながらに浮かび出ている。

正安二年は三年の誤りであるが、二月というのは関靖氏の著書に依拠したのであろう。ところで、後者が入宋沙弥円種によることは明記されているから疑う余地がないけれども、前者は先にも述べたように忍性によるものであろう。前者にみられるように銘文の末尾に勧進者か大檀那（檀那）の名が記されるか、あるいは文中に作成者（檀那として）が記されるのが通例である。したがって後者にみられるような題名の下に独立して記されることは極めてまれであり、後者はよほど特殊な事例かと思われる。

○

松平定信の好事好古の趣味が『集古十種《しゅうこじっしゅ》』としてまとめられたことは著名であるが、その「鐘銘之部上」に「大日本国武州六浦庄称名寺鐘銘」が収められている。実際に称名寺を訪れてこの銘文を採取したのは須賀川十念寺の白雲（良善上人）であったと思われる。白雲が定信の命によって寛政九年（一七九七）の六・七月のころ金沢や鎌倉方面の調査を行なっており、この時、称名寺の十二神像図を模写して定信に報告されていることをみれば、併せて鐘銘をも採取したと考えてよいからである（磯崎康彦氏『松平定信の生涯と芸術』平成二十二年、なお、関靖氏の前掲書に白雲についての言及がみえないのは金沢文庫に関連の史料が存在しなかったからであろう）。

今日『集古十種』は国会図書館所蔵本（ウェブ上で公開されている「鐘銘之部上」は明治三十六年刊行の郁文舎本）が容易に閲覧することができるが、木版の刊行は寛政十二年という。そこで刊行の実際を確認しなければならないが、そのための参考資料は国書の解題集として著名な尾崎雅義《おざきまさよし》の『群書一覧』（享和元年成立、翌年刊行）である。その中に『集古十種』版本の分類項目毎の冊数が記されている。その冊数は四十三冊（版本は都合八十五冊）であるが、その中に鐘銘六冊が含まれている（佐藤洋一氏『福島県立博物館紀要』第二十三号収録「『集古十種』版本の刊行過程について」平成二十一年。ウェブ上で公開されている早稲田大学図書館蔵本では六冊目に「集古十種」が記載され、鐘銘の部の巻四に称名寺鐘銘とみえる）。そうすると、『集古十種』の刊行は確実であって、しかもその中に鐘銘が含まれているのであるし、また『集古十種』の編集に携わり、鎌倉方面の調査も行なった谷文晁は正斎と交遊があったのであるから、正斎には時間的にも状況的にも十分に閲覧の可能性があったように思われるが、実際にはその機会を得ることができなかったということになる。

いずれにしても、『集古十種』の鐘銘の採取が寛政九年とすれば義公が称名寺を訪れてから一二〇年余りを経てのこととなる。この時点では明確に「仲和」と判読しているので、『鎌倉志』に頼ることなく実際に鐘銘を調査するか、あるいは『集古十種』を閲覧していれば正斎が誤ることはなかったはずである。誤りの責任の一端を『鎌倉志』に求めることは可能であるけれども、研究史に学ぶことを怠ってきたその後の研究者の責任をも認めなければならないであろう。とりわけ定信（白雲としてもよい）の調査は『鎌倉志』を正すものであり、その点『鎌倉志』が僅かに一字を誤ったために後世に非常な迷惑を与えたとか、正斎の誤認はむしろ『鎌倉志』にその責任があるなどというのは適切な言及とはいいがたいであろう。

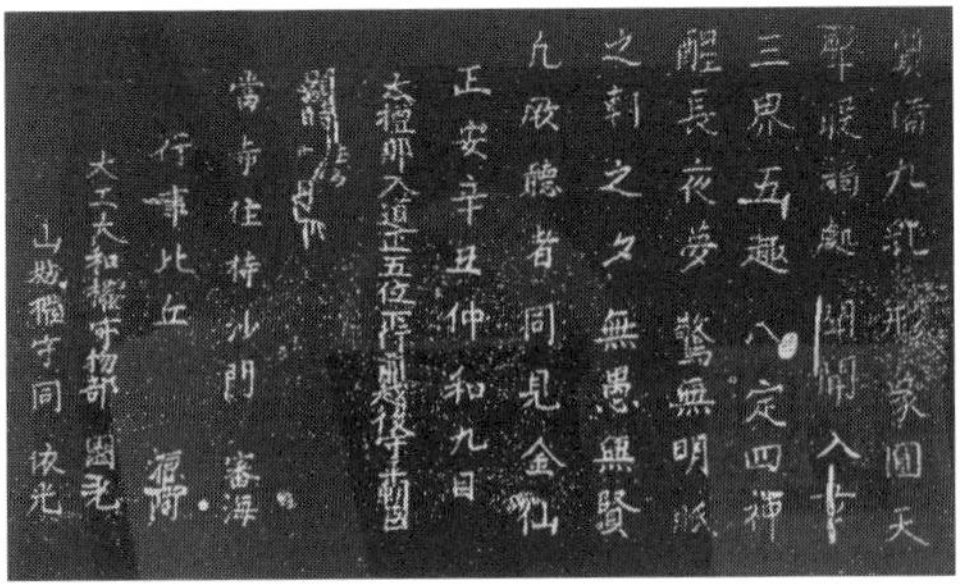

集古十種掲載の銘文

なお蛇足ではあるが、大正十年刊行の木崎愛吉氏『大日本金石史』に収める銘文でも「仲和」と読み、正安三年二月九日に改鋳したとしているので、関氏の指摘より少なくとも十年は早いということになる。木崎氏の功績もまた十分に評価されねばなるまいと思う。

七　水戸と金沢文庫――「藤原保則伝」をめぐって――

一

『続群書類従』巻第百九十一に「藤原保則伝」（以下、続類従本と記す）が収められている。この藤原保則は備前・備中などの地方官吏時代の善政と蝦夷平定の実績で知られる平安前期の官人であるが、伝そのものはやはり平安期の官人である三善清行《みよしきよゆき》によるものである。実は『大日本史』列伝に収める藤原保則の伝はこの清行の保則伝を主たる史料として構成されている。そこで、続類従本と列伝の「保則伝」及び底本である金沢文庫本との関係を考察してみたいと思う。

まずは続類従本の冒頭を掲げよう。なお、圏点は『大日本史』の「保則伝」と全く同じ文字使いであることを示した。

旱。田畝尽荒。百姓飢饉。□□相望。群盗公行。邑里空虚。薬賀哲多両郡。在山谷間。去府稍遠。郡中百姓。或劫掠相殺。或逋租逃散。境内丘墟。無有単丁。前守朝野貞吉以苛酷而治之。郡司有小罪者皆着鉗鈦。人民犯纖毫者捕案殺之。囚徒満獄。仆骸塞路。公到任之初。施以仁政。宥其小過。存其大体。放散徒隷。遍加賑貸。勧督農桑。禁止遊費。於是百姓襁負。来附如帰。田園尽闢。戸口殷盛。門不夜扃。邑無吠狗。府蔵多蓄。賦税倍入。遂受租税返抄卅四箇年。受調庸返抄十一箇年。自古以来。未嘗有此類也。十三年叙従五位上。

(旱《ひでり》し、田畝尽くに荒れたり。百姓《おおみたから》飢饉して、□相望めり。群盗公行し、邑里空虚《むな》し。葉賀・哲多《てた》の両の郡は、山谷の間に在りて、府を去ること稍《やや》遠し。郡の中の百姓は、或は劫掠して相殺され、或は租を逋《のが》れて逃散しつ。境の内の丘墟《おか》には、単《ひとり》の丁も有ることなし。前守《さきのかみ》朝野貞吉は苛酷を以て治めたりき。郡司小さき罪有れば皆鉗《かな》鈦《き》を着け、人民《おおみたから》纖毫を犯せば捕へ案《かんが》へて殺しつ。囚徒は獄に満ち、仆《たお》れし骸は路を塞《ふさ》ぎぬ。公任に到りし初め、施すに仁政を以てし、其の小過を宥《ゆる》して、其の大体を存せり。徒隷を放散して、遍く賑貸を加へ、農桑を勧督《すす》めて、遊費を禁《いまし》め止めつ。是に百姓襁負《きょうふ》して来り附くこと帰るが如し。田園尽くに闢け、戸口殷盛《さかり》なり。門は夜の扃《とざ》せず、邑《むら》は吠ゆる狗《いぬ》無し。府蔵多く蓄へ、賦税倍《ますます》入りぬ。遂に租税の返抄を受くること卅四箇年、調庸の返抄を受くること十一箇年なり。古より以来《このかた》、未だ嘗《むかし》より此の類有らず。十三年従五位上に叙す。)

以上の読み下しは日本思想大系『古代政治社会思想』収録本(底本は尊経閣文庫本)を参照したが、続類従本とは文字に若干の異同がみられる。

一方『大日本史』の「保則伝」の冒頭にみえる「尊卑分脈」「公卿補任」「三代実録」によった部分の後から、「三善清行著す所の保則伝」という割注までに該当する箇所であるが、この部分の「保則伝」の列伝叙述は次の通りである。

先是亢旱飢饉、道僅相望、群盗公行、邑里蕭条、英賀哲多二郡、在山谷間、去府稍遠、郡民或劫掠相殺、或逋租逃散、境内丘墟、無有単丁、前守朝野貞吉為治苛酷、郡司有小罪者、皆着鉗鈦、人民犯繊毫者、捕案殺之、囚徒充獄、仆骸塞路、保則到任之初、施以寛政、宥小過、存大体、放散徒隷、綏撫賑恤、勧農桑、禁遊費、於是百姓襁負、来附如帰、田園尽闢、戸口殷阜、門不夜扁、賦税倍入、遂受租税返抄三十四年、受調庸返抄十一年、自古以来、未嘗有此類也、十三年以労叙従五位上、

これをみれば列伝が「三善清行著す所の保則伝」を殆どそのままに写したとしてよいであろう。「保則伝」と記された割注は都合十箇所となるが、他の列伝の箇所も同様の傾向が確認できるのであるから「三善清行著す所の保則伝」なくして列伝の「保則伝」は成立し得なかったといえよう。

ただ疑問なのは続類従本に「葉賀」（郡名）とみえることである。列伝では「英賀《あが》」としているが、これは史臣が写した金沢称名寺文庫本には「英賀」とあったからであろう。なお、『和名抄』や『三代実録』にも「英賀」とみえ、尊経閣文庫本（日本思想大系収録）や後述する栗田寛博士の紹介本も同様である。続類従本には他にも誤植がみられるから、あるいは誤植かもしれない。

二

次に検討しなければならないのは列伝の割注に加えられた按文の記載であるが、ここでは次の四箇

所が対象である。

①公卿補任○按ずるに保則伝に云ふ、即ち備前介に遷ると。下文に拠るに公が備前に在るや、一に備中に在るが如し。補任に記する所是なり。今之に従ふ。

②保則伝○按ずるに本書に此の下脱欠せり。考正する所無し。

③本書には四年に係く。今公卿補任に従ふ。又按ずるに、公卿補任には、兼播磨権守と為す。

④保則伝○本書に此の下に公召されて京に入るの後、未だ数月を歴ざるに、太宰府上奏の文あり。然れども文字を残欠して、考正する所無し。今取らず。

①について、引用した「十三年叙従五位上」に続けて、「備前介に遷り、十六年権守に転ず。公備前にありて、徳化仁政は、もはら備中にありし時のごとし。」とみえるところから、列伝では『公卿補任』により「備前介に遷り」を「備中守に任ぜらる」と改めたのである。それは「備中にありし時のごとし」であれば、当然先に備中に赴任していなければならないからである。

②については後考に廻すこととしよう。

③について、「保則伝」には四年の条に「七月、播磨守に任ず。辞して任に赴かず」とみえることを指すが、「保則伝」は五年の条を立てていないので「四年に係く」というのである。

④について、「本書」はいうまでもなく「保則伝」を指すが、「上奏して曰く」の後が欠文となっているので考察ができないということであり、「今取らず」に特別の意味はないであろう。

三

続いて②について考察しよう。実はこの下脱は水戸の史臣が筆写する際に落としたものであろうと推定されている。例えば、星野恒氏「藤原保則伝追考」（『史学雑誌』第四篇第四〇号）の次の記載である（引用は所功氏の『芸林』二二の三収録「『藤原保則伝』の基礎的考察」による。なお、原文のカタカナはひらがな表記としている）。

此書原本は、もと武蔵国金沢称名寺の所蔵なりしが、元禄中、加賀国主綱紀卿の有に帰せり。原本は「諸寺縁起集」と題し、興福寺以下十一箇寺の縁起、及び恒貞親王円珍和尚及び保則の伝を写せしものにして、鎌倉末年僧徒の筆に似たり。但、原本蝴蝶装なるゆえ、処々に脱葉を致し、円珍伝末、保則伝首、及び保則伝中、太宰府上奏云有新の下、並に脱葉あり。（恒貞親王伝首及び其中間に脱葉あるも、本篇の主とする所に非ざれば略す）たゞ豈枉濫之罰の下、続群書類従に収むる所の本は脱葉あるも、此本は欠なし。伝説に拠れば、貞享二年、水戸より称名寺に就きて抄写せし時、偶然この二葉（五百四十字）を誤脱し、「大日本史」保則伝拠りて以て文を立つと。続群書類従に収むる所は則水戸の誤写本を伝写せし者なり。

文中に、二葉五百四十字の誤脱とみえるのは刊行本（日本思想大系本及び続群書類従完成会本）の字数でみるとやや少ないが五百二十字ほどでほぼ一致する。ほぼというのは五百二十字が誤脱や不明箇所をも含むところから正確には数えることができないからである（後述する栗田寛博士が紹介される写本も一葉約五百二十字前後である）。この二葉の誤脱箇所を『大日本史』の「保則伝」では一部ではあるが、「公卿補任」と「三代実録」によって成文を得ている。

さて、この星野氏の記述の要点を所氏前掲論文は、

イ　本書の原本は金沢称名寺文庫本であること

ロ　その金沢文庫本は加賀藩主前田綱紀の手に入ったこと

ハ　それ以前の貞享二年（一六八五）に水戸の史官が金沢称名寺で原本を抄写したらしいこと（『諸寺縁起集』の全てではなく「恒貞親王」と本書のみを抄出書写）

ニ　その貞享二年書写本を伝写したものが続群書類従の底本に収められたこと

と摘出し、さらに諸本の関係を図示して、

本書は現在どこにも完本がなく、現存最古の写本とみられる金沢文庫旧蔵本＝尊経閣文庫現蔵本所収の本書は、蝴蝶装のために、いつのころか巻首と途中を脱葉してしまつたといふ。しかもそれを水戸の史官が書写するさい、さらに二葉誤脱したらしく、続群書類従所収の底本は、その誤脱本を転写したものであるから、都合三箇所も欠失してゐることになる。

とまとめられている。

また、続類従本の末尾には「貞享乙丑季春武州金沢称名寺文庫本写焉」とあり、この続類従本は「更以前田家本転写一本補訂之畢」ともあって、前田家本により貞享二年の誤脱の二葉分が復元され

ていることにも及んでいる。

四

ところで水戸の碩学である栗田寛博士の『栗里先生雑著』（刊行は明治三十四年）巻八に「藤原保則伝」という一文が収録されている。表題の下には「二十一年三月稿」とみえている（元来は『大八洲学会雑誌』の明治二十一年発行の二十二号に掲載）。冒頭には、

初余の彰考館本恒貞親王伝、藤原保則伝を見て之を珍とし、一本を謄写せしは、実に慶応紀元五月望にして、今を距ること廿四年前にあり、当時其断簡にして全文なきを憾とせり、而るに今茲一月重野修史局長に従て、旧加賀藩主前田家の古籍を閲覧することを得たり、其珍本奇籍の夥き、千万を以て数ふべし、

とある。以下若干を中略するが、さらに続けて、

一日諸寺縁起集と題せる一古写本あるを披見るに、興福寺、園城寺の常楽龍華会より、天王寺不断念仏、法勝寺大乗会縁起に至るまで、凡十一寺の縁起を記せるが中に、恒貞保則の事蹟と覚しき文辞を観出たり、やゝ読もて行に、件の二伝なりければ、嘗て遺憾なりと思へる欠文やあると眼を凝すに、未だ曾て見ざる一条あり、仍てさきに謄写せる本と比校するに、果して彰考館本に逸せる第十八葉是なり、即ち写し来て、日本史の保則列伝、及び三代実録に参考するに、頗当昔

の事実を明晰にする者あり、豈また奇ならずや、余の歓欣知るべき也、古人云ることあり、独楽まむよりは、衆と共にするに如ずと、唯未だ文字の異同を校讐するに遑あらずと雖も、向きに写せる保則伝に、今獲たる所の一葉の文を補入し、本会雑誌に投じて、天下同好の士に示すと云爾、

とみえている。そして「保則伝」の本文を掲げているが、まず冒頭からの二葉（栗田博士によれば十六葉と十七葉）、次に水戸の史臣が脱葉した十八葉、その後にその考察、さらに十九葉、二十葉、二十一葉を掲げ、次に「以下脱一葉」と注記した後に末尾の箇所を掲げて、奥書「貞享乙丑季春以武州金沢称名寺文庫本写焉」（圏点筆者）の後に「慶応紀元五月望就彰考館本写之　寛」、最末尾には、

　附て云、前田家所蔵古写本の丁数、全く彰考館本と符するを以て、其同本なることを知るに足れり。而して前田家本は、彰考館にて此書を写せし貞享乙丑以後に、称名寺文庫の原本を獲しものなり。

と記している。そうしてみると、先の星野氏がいう「保則伝」の転写経過は正しいことが裏付けられよう。注目すべきことは、星野氏が「伝説に拠れば」として述べられているのに対して栗田博士が「前田家所蔵古写本の丁数、全く彰考館本と符するを以て」と具体的に形態を述べていることである。この厳密な書誌学的考察は文字の異同についても同様であるが、以下には脱葉の十八葉に関する言及を紹介しよう。

　第一は「民部省例、以商布貴貸諸国米、以充官人厨用名為交易、実是箕斂、諸国百姓為之愁苦、公在職一年、遂無一飯」のことは「日本史」（大日本史列伝のこと）や「三代実録」にはみえていないとする。

第二は「二年二月」は三月の誤りではないかとして、「三代実録」元慶二年三月二十九日条を掲げている。

第三は「秋田城司良岑近者、不能城守、脱身伏竄於草莽之間」のことは「三代実録」にみえないとし、「者」は誤字ではないかとする。

第四には「賊放火焼城、軍資器械一時蕩尽より国守逃走迄のこと」は「三代実録」の夏四月四日、去月二十九日の条にみえるが、「出羽掾藤原実行」は省いており、「三千人」というのは精騎歩兵と合わせた数であろうとしている。

第五には「三代実録」（実際には「史」とあるが、「実録」とすべきである。以下同じ）の「同二十八日、癸巳、出羽国守正五位下藤原朝臣興世、飛驒奏言、賊徒弥熾、不能討平、且差六百人兵、守彼隘口野代営、頃至焼山有賊一千余人、逸出官軍之後殺略五百余人、脱帰着五十人、城下村邑、百姓盧舎、為賊所焼損者多」とある箇所は伝に「賊衆数百人持兵欻至官軍後云々」とみえる時のことであろうが、「史」には漏れているとする。

第六には、伝文にみえる「官軍散走、賊徒奮撃云々」（正しくは「官軍大駭、狼狽散走、賊徒乗勢、前後奮撃」、類従本では徒が脱漏）以下の記述は「実録」の六月七日辛未の条を長く掲げてその典拠とするが、一部は「史」に漏れていると指摘している。

そして、この脱葉部分を評価して「かく史と伝と互に詳略あるを参考して、当時戦場のさまを明晰にすることは、実に此一葉を得るの賜なり」と述べて、最後に「伝に藤原宗行、神服真雄とあるを、史には統行直雄に作れり」と付加している。

　以上の栗田博士の指摘には頷けるところが多いと思われるが、星野氏の報告と合わせてみれば、「藤原保則伝」は水戸の史臣が金沢称名寺で書写し、それが『大日本史』編纂の重要な史料として活用されるとともに彰考館に所蔵され、今日に及んでいる一方、前田家にも一本（尊経閣文庫本）が伝えられたことが知られるのである。さらに彰考館所蔵本は前田家本によって補訂されて『続群書類従』に収められたわけである。

　なお、星野氏の「藤原保則伝追考」は明治二十六年発行の『史学雑誌』に発表されたのであるから、栗田博士の稿はこれに先立つものといってよいであろう。

五

　金沢文庫本の定義やその位置づけに関してはなお議論の余地があろうが、少なくとも「藤原保則伝」が金沢称名寺文庫に所蔵され、それが水戸家及び前田家によって書写され、やがて『続群書類従』に収録された事実が確認されるのである。そして、収録の際に水戸家本（彰考館本）が底本となり、さらに前田家本（尊経閣本）によって補訂されて今日に至っているのであって、そこに続類従本と水戸との関係の一端を窺うことができよう。

八　水戸と金沢文庫
——「後醍醐院百ケ日御願文」をめぐって——

一

『金沢蠹余残篇《とよざんぺん》』は水戸の史臣が金沢文庫で採取した文書を収めたものであるが、その中に「後醍醐院百ケ日御願文」が収められている。本章はこの願文の考察である。まずは関靖氏『金沢文庫の研究』の願文に関する記述から掲げよう。

此書は「金沢蠹余残篇」に収録してあり、又その書名は「称名寺書物之覚」に載せてあるので、貞享元禄の頃までは、称名寺に伝存してゐたことは明らかで、その後久しく行方不明となつてゐたものである。昭和九年の頃千葉市在住の武本為訓氏が称名寺関係の古文書三巻を所蔵してゐるといふことを耳にして、同家に就いて調査した時に、図らずもこの八枚を発見したのである。古文書三巻の数は合せて四十一通あるが、その内訳は書状二十九通、(内七通は女房消息)御教書案一通、沙汰付文一通、年貢注文一通、起請文一通、願文二通、証文二通、有文二通、印信一通、縁起一通であるが、この中に、称名寺に関係のない文書が三四通ある。「後醍醐天皇《ママ》百ケ日願文」というのは、この願文二通の一で、他の願文は「俊覚僧都四十九日願文」である。

暦応二年十一月廿六日は、後醍醐天皇の御百箇日に当らせられるので、足利高氏が、菩提寺等持院で、天皇の追善供養を行ったことは、「続史愚抄」やその他の記載で明らかである。この願文は実にその際に使用したものである。この願文の中に、『温柔之叡旨、猶留耳底、攀慕之愁腸、難尽心端、恩恵無窮、報謝何疎』と記して、七々の御忌毎に追福を営んだことを載せてゐる。流石暴戻の高氏も、帝崩御の後、その御徳を回顧し、特に非常に良心の呵責を受けた結果、この供養に力を入れた有様が察せられる。（三四六・三四七頁）

『金沢蠹余残篇』は相田二郎氏『日本の古文書』によれば秋山久積《ひさつむ》の採取という。今日では早稲田大学図書館所蔵本（荻野蔵の朱印あり。以下、早稲田本と略記。なお、蠹は虫食いの意）がウェブ上で公開されているので容易に閲覧できる。ここでは収録される「後醍醐院百ケ日御願文」（早稲田本では「源尊氏願文」または「願文」、管見に及んでいるのはこれである。正式には金沢文庫所蔵の原写本により御願文と表記すべきであろう）に注目してみたいと思う。それは、この願文が『大日本史』列伝（将軍伝）の足利尊氏伝に注記されているからである。まずは尊氏伝の該当箇所を掲げてみよう。

又嘗て文を為して後醍醐帝を祭り、極めて帝恩を述べ、悲哀の情を言へり

わずかにこれだけであるが、この一文を記す根拠が「金沢称名寺所蔵の尊氏後醍醐帝を祭るの文」なのである。したがって、尊氏の後醍醐帝を祭るの文すなわちこの願文であるが、『大日本史』編纂

の史料として金沢文庫（称名寺）に所蔵される文書が活用された事例とすることができるのである。そして、それは貞享二年に史臣が金沢称名寺で採取（書写）したものなのである。

二

ところで「後醍醐院百ケ日御願文」は『大日本史』ばかりでなく『参考太平記』にも活用されているので、以下これに言及しよう。

それは『参考太平記』巻第二十一の「後醍醐天皇崩御事」に引用されているが、「願文」と記した後に次のような按文が付されている。

按ずるに、尊氏儲《ちょ》を弑し君に反し、恩を忘れ逆を擅《ほしいまま》にす。帝崩ずるに及んで、或いは寺を建て福を薦《すす》め、或いは文を作り非を飾る。以て人の耳目を蔽はんと欲するは、悪《にく》むべきの甚だしきものなり。所謂、耳を掩《おお》ひて鈴を盗む。彼の巧詐《こうさ》と雖も、孰れか能く之を信ぜん。今、之を載るは、読者をして尊氏の狡奸の、窮りなきを知らしめんと欲するのみ。

掲載の理由が簡潔に述べられているが、文中の「耳を掩ひて鈴を盗む」は『呂史春秋』によるところで、見当違いの小策を弄することの例えである。続けて願文が掲載されているので全文を引いてみよう（ウェブ上で公開されている木版本『参考太平記』の一二五五〜一二五八コマ、後考のため五分割して掲げる。傍線筆者）。

○夫れ徳として報ひずといふこと無し。鳥雀猶ほ玉環を銜《ふく》むの情有り。言として訓へずといふこと無し。人倫豈に黄金に喩ふるの諾を忘れんや。

○伏して惟みれば、後醍醐院期に応じて運を啓き、震に出で離に向かふ。功、神に合せ、徳①、天に合ふ。故に祖宗の余烈を鍾《あつ》め、就て日の如く、望むこと雲の如し。故に先聖の休緒を紹《つ》ぐ。神武より以降、九十余代の瑤図を受け、元応以後、一十八年の宝位を保ちたまふ。外には王道の大化を致す。政猷の本は茲《ここ》に在り。内には仏法の紹隆を専にす。叡②東の源は貴ぶべし。矧《いわ》んや亦龍文の製作に巧なるをや、殆ど太宗皇の詩篇に超たり。鳳管の音律に通ずるや、何ぞ高祖帝の玉笛を求めん。素盞鳴尊の詠は、我が朝風俗の往策を伝へ、玄③象秘曲の調は、天暦明主の宸操に同じ。道の究むべきを究め、徳の行ふべきを行ふ。

○然る間暫く花洛の光宅を辞め、遙に芳野の（一字蠹蝕）都④に幸す。龍騎帰らず、白雲飛び跡を阻《へだ》つ。鸞輿《らんよ》久く駐《とどま》り、蒼穹高く望に入る。既に四年の居諸を送りて、遂に重昏を逆旅に促⑤す。晋の武帝の登遐を示すや、八月に当りて一たび往きて唐の粛宗の即窆《せき》を告ぐるなり。五旬に余て二たび廻る。比類自ら存して賢（二字蠹蝕）此。

○爰に弟子忝くして亜相特進の（二字蠹蝕）征夷将軍の武職に至⑥る。籌策を運《めぐ》らして、隆漢の嘉模を憶ふと雖も弓矢を橐《たく》す。唯雍和の聖休⑦を冀ふ。国家を護して以て君に事へ、仁義を執りて以て民を綏《やす》んず。偏に武功の忠厚に依り、飽くまで佳運の栄昌を施す。倩《つらつら》、微質の鷹揚を顧みるに、先皇の鴻⑧漸より起る者か。温柔の叡旨、猶ほ耳底に留りて、攀慕《はんぼ》の愁腸、心端に尽くし難し。恩恵窮り無し。報謝何ぞ疎[9]からん。

○仍て七々の御忌毎に、連々の追福を営み、今光陰の代謝を憐れむ。躬[10]から仏経の図写を致す。何ぞ啻に勝力菩薩入滅の後、一百箇日を迎ふ。遺弟余薫を慕ひ、武徳皇帝晏出の後、百箇日に当りて、群官行香に従ふのみならんや。茲に因て胎蔵界曼荼羅一鋪、金剛界曼荼羅一鋪を図絵し奉り、観世音菩薩像一鋪を図絵し奉り、大日経三巻、理趣経四巻、随求陀羅尼経三巻を摺写し奉り、妙法蓮華経十部を転読し奉る。加ふるに以て五箇の禅室[11]に就て、十僧の供養を致す。此の外非人施行を以て、随分の功徳を為す。便ち等持院の浄場に挑[12]み、敬て秘密壇の斎席[13]を展ぶ。前の大僧正法印大和尚位、玄宰の碩徳と為して、白善の旨揆を啓く。梵讃声々、羅列肩随の廿口庭上に立てり。色相面々、金剛胎蔵の諸尊堂前に耀やく。天人聖衆、影を竝べて降臨し、月卿仙郎、儀を助けて陪従す。綷《こと》是れ、周備せり。福豈に唐捐せんや。時に雪片の宝樹に点る。自ら妙徳林の荘厳を添へ、嵐陰の碧松に入る。更に菩提場の演説に和し、節物相応じ、時機円成す。然らば則ち聖霊千五百秋の神州より出で、速に無量寿の宝座に遷り、三十六天の仙室に向はずして、直に常寂光の楽邦に遊ばん。乃至一闡提《せんてい》、普く八正道に赴かん。敬白

暦応二年十一月廿六日　征夷将軍正二位権大納言源朝臣尊氏敬白

この願文は『金沢文庫古文書』第八輯（仏事篇上）にも六一四五号文書として収められているが（文書名は「後醍醐院百ケ日御願文」）、その典拠として「武本為訓氏旧蔵「称名寺古文書」所収」と明記されている。武本氏旧蔵の称名寺文書というのは『武本家蔵武州称名寺古文書』として昭和十年に刊行さ

れた冊子のことであるが、この文書は三巻からなり昭和四十八年発行の『金沢文庫研究』第十九巻第九・十号（通巻二〇九号）に前田元重氏が翻刻されている。したがって、『金沢文庫古文書』収録文と前田氏の翻刻文は同じものであるが、若干の相異（誤植というべきか）が認められる。また、幕府の儒官である成島良譲《よしのり》（号は筑山）によって編集された『後鑑《のちかがみ》』巻二十一（『国史大系』三十四収録、室町時代の編年史料）や『大日本史料』第六編之五にも収められている。

いま、イ前田氏の翻刻文、ロ『金沢文庫古文書』収録文、ハ『武本家蔵武州称名寺古文書』収録文、ニ早稲田本『金沢蠹余残篇』収録文、ホ『後鑑』収録文、へ『大日本史料』収録文によって木版本に付した番号の文字との異同を示すと次のようになる（表記はイ↓ロ↓ハ↓ニ↓ホ↓への順）。

①徳↓徳火　徳　徳火　徳　徳　徳
②衷↓裏　裏　裏　裏　衷　衷
③象↓衆　衆　象　象　象　象
④都↓□　□　都　都　都　都
⑤促↓役　役　促　促　促　促
⑥至↓□　至　□　至　至　至
⑦休↓烋　烋　烋　休　休　休
⑧漸↓将　将□　将　将　漸　漸
⑨疎↓疎　踈　疎　踈　踈　疎

⑩躬↓新　新　新　躬　躬　躬
⑪室↓窓　室　窓　室　室　室
⑫挑↓排　排　排　挑　挑　挑
⑬斎↓斉　斉　斉　斎　斎　斎

右のうちイロハは直接に同じものによっているのであるから、本来であれば全く同じ文字使いであって何の不思議もないが、実際には異同がみられるところからすれば三者のいずれかに誤読あるいは誤植を認めなければならないであろう。『参考太平記』収録文は②と⑧を除いて早稲田本『金沢蠹余残篇』収録文と同じであるから、校異の結果からは早稲田本により近いとすることができよう。それはもともと『金沢蠹余残篇』収録文によったはずであるから当然の結果ではある。早稲田本は彰考館本からの写しであるから、その間に相異が発生したと考えてよいであろう。また『大日本史料』収録文は『金沢蠹余残篇』に拠ったものであるが、早稲田本とは⑨が異なる。いずれかが誤写であろう。ただ⑨と⑬は同義であるから、とりたてて区別する必要はないかもしれない。

また『後鑑』収録文は全く同じであるところをみると(文全体でみれば、誤植も考えられるが一字のみ異なる)、あるいは『参考太平記』によったのであろうか。ただ、義公の命によって編集された『本朝文集』(『国史大系』第三十収録)の巻頭に収める目次の巻第七十一の源尊氏の項に「奉為後醍醐天皇百箇日忌修法会願文」がみえており、さらに「(暦応二延元四・十一・廿六)(後鑑二一)」と注記されているが、願文自体は収録されていない。『後鑑』にこの願文が収録されていることは先にふれたけれども、両書の成立年を見る時この注記には不審を抱かざるをえない。先に成立した書物が引用されるはずはないからである。おそらく後世の増補などを考慮しなければならないのであろう。なお、後述する「尊氏篠村《しのむら》八幡宮願書」についても「(後鑑　二)」との注記があるから同様のことがいえるのである。

いずれにしても文字が異なれば読みを変更すべき箇所も出てくるが、それはともかく傍線部が尊氏の後醍醐天皇に対する思いとして注目される箇所である。その中の鴻漸は異本(『金沢蠹余残篇』や『武本家旧蔵称名寺古文書』所収)には「鴻将」とみえるが、出処は易の「鴻漸于干」により、官吏として仕えるの意であるから鴻漸で特段問題はないようにも思われる。この箇所は森茂暁氏も引用されているが(角川選書『足利尊氏』)、この部分は「鴻将□」としている。おそらくは『金沢文庫古文書』第八輯収録の六一四五号として収める「後醍醐院百ケ日御願文」によったからであろう。この願文は先にもふれたように『金沢蠹余残篇』にも収録されているが、やはり文字には異同がみられる。

なお、『金沢蠹余残篇』収録文には「私云此御願文者御為吉野帝百箇日御仏事従将軍家被進御願文也」と一文が添えられている。

次に、検討しなければならないのはこの難解な願文に述べられていることが尊氏の本心かどうかということであるが、またそれは按文の評価と意義づけでもある。森氏は前掲書で「尊氏の後醍醐に対する思いが多少の誇張はあるにせよ、非常に直截かつ率直に述べられている」とし、とりわけ先の傍線部にそれが端的にみられるというのである。そして、その思いとは「追慕と痛恨の念である」とされるが、これより先に刊行された『後醍醐天皇』（中公新書）では鎮魂のためであったとしつつも「裏返していうと、尊氏は後醍醐の怨霊によってひどく悩まされていたということになろう。」とも述べられていた。

また、久保田収氏は『北畠父子と足利兄弟』（昭和五十二年）において、やはり傍線部（『金沢蠹余残篇』による）を引いて「一見いかにも純情をみるべきものがあるやうであるが、その実は怨霊の恐怖、内心の呵責を示してゐるといはねばならない。」と述べられている（後醍醐天皇の怨霊については『太平記』巻第二十四の「天龍寺建立の事」や巻第三十四の「吉野御廟神霊の事」にみえている）。

以上をふまえて「後醍醐院百ケ日御願文」の内容を確認してみよう。

一段目は序であり、一般論であるからとりたてての問題はない。二段目は後醍醐天皇を讃えた箇所であるが、「龍文」は文章が雄健なさま、「鳳管」は鳳笙（管楽器の一つ）のことでその演奏に巧であったというのである。「元応」は文保二年であるからその前年からということになり「十八年」は厳密には二十一年六ケ月となる。三段目は吉（芳）野に遷られた後の様子を綴り、四段目は自らの働きを誇示しつつも天皇に感謝の念を表明し、五段目からが後半となり追善の内容を詳細に記している。盛られた内容からは尊氏の天皇に対する思いが窺えるとしてよく、先の森氏の解釈に一応の首肯するものを認めることはできよう。問題は、それが『参考太平記』の按文がいうように尊氏の本心として認められるかどうか、ということなのである。

三

尊氏の本心を探るための参考として、やはり『参考太平記』巻九に引用されている「尊氏篠村《しのむら》八幡宮願書」を検討してみよう。全文は次の通りである。

敬白立願の事

右八幡大菩薩は、王城の鎮護、我が家の廟神なり。而して高氏神の苗裔と為《し》て、氏の家督と為て、弓馬の道に於いて誰人か復た異ならざらんや。（此の上四字通ぜず）之に依て代々朝敵を滅ぼし、世々凶徒を誅せり。時に元弘の明君神を崇んが為、法を起こさんが為、民を利さんが為、世を救はんが為、綸旨を成さるの間、勅命に随て義兵を挙ぐる所なり。然る間、丹州の篠村宿を占め、白旗を楊の木の本に立つ。彼の木の本に於いて、一の社有り。之を村の民に尋ぬるに、所謂大菩薩の社壇なり。義兵成就の先兆、武将頓速の霊瑞なり。感涙暗《ほのか》に催し、仰信憑む有り。此の願忽ち成り、我が家再び栄へば、社壇を荘厳せしめ、田地を寄進すべきなり。仍て立願件の如し。

前の治部の大輔源の朝臣高氏敬って白す

元弘三年四月二十九日（本文五月七日に作る。未だ孰れか是なるを知らず）

この願文は『鎌倉遺文』第四十一巻（三二一二〇号）にも収められており有名なものであるが、実際に丹波篠村八幡宮に現存する。これまで、この願文をめぐって真贋論争が繰り広げられてきたが、今

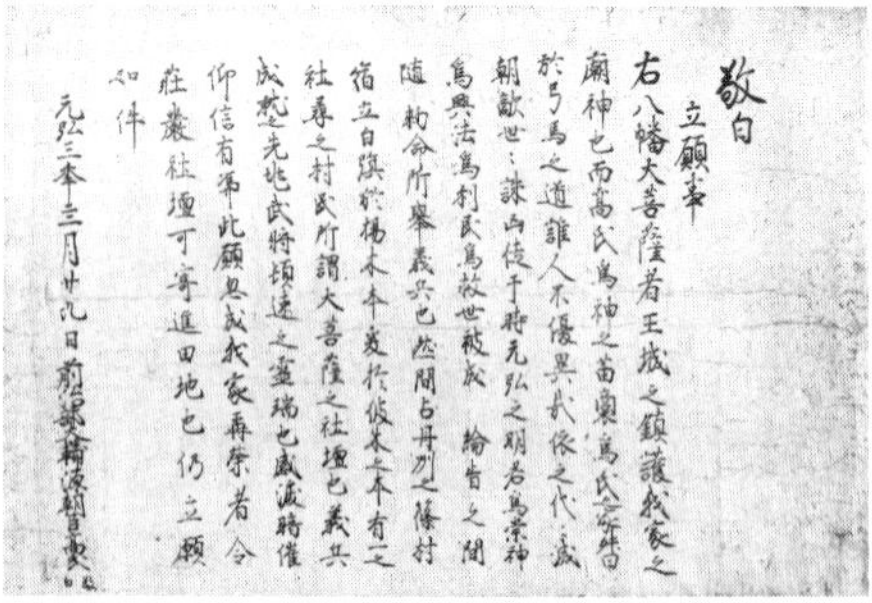
敬白
立願事
右八幡大菩薩者王城之鎮護我家之
廟神也而高氏為神之苗裔為氏之家督
於弓馬之道雖人不優異哉依之代々武
朝歎世々誅凶徒于時元弘之明君為崇神
為興法為利民為救世被成　綸旨之間
随　勅命所挙義兵也然間占丹州之篠村
宿立白旗於楊木本彼木之本有一之
社尊之村民所謂大菩薩之社壇也義兵
成就之先兆武将頓速之霊瑞也感涙難催
仰信有余此願忽成我家再栄者令
荘厳社壇可寄進田地也仍立願
如件
元弘三年三月廿九日　前治部大輔源朝臣高氏敬白

尊氏の篠村八幡宮願書

日尊氏の真筆によるものとするのが有力な説である。それは上島《うえじま》有《たもつ》氏（『足利尊氏文書の総合的研究』平成十三年）によるものであるが、また小松茂美氏（『足利尊氏文書の研究』平成九年）のような模写説もみられる。真贋論争はひとまずおいて、この願文に添えられている次の按文を検討してみよう。

按ずるに、此の願書、本文の載する所と甚だ異なれり。然ども文義鄙陋《ひろう》、誠に見るに足らず。是の故に太平記を作るの時、蓋し改め作りて載する者か。

これは、水戸の史臣（今井弘済あるいは内藤貞顕）が、本文の願文（五月七日付）と比べて文意が卑しく劣るので『太平記』に載せる時に改作したのではないか、との考察を示したものであるが、今日では必ずしも認められているわけではない。それはこの願文（五月七日付）が『平家物語』巻第七の「（木曽）願書」の段を下地としているという見解があり（上島氏前掲書他）、また右の四月二十九日付の願文は当時の願文の形式に則っていることも指摘されているからである（小松氏前掲書）。

さて、右の願文（四月二十九日付）には「此の上四字通ぜず」との注記がみられるが、これは「不復異哉」の意味が通じないということである。そこで今日篠村八幡宮に現存する願文をみると、「不優異哉」（優異せざらんや）とあり、「優異」は待遇が特別に優れている（厚くする）の意であるから、十分に意味が通ずるといえる。そうすると、依拠した文（原願文）の不備を認めなければならないが、水戸の史臣はこの願文をどのようにして採取したのであろうか。少なくとも、篠村八幡宮に現存する願文によったものでないことは確かであるが、それ以上は遺憾ながら不明としなければならない。ただ、五月七日付の願文は尊氏の臣（評定衆）である疋田《ひきた》妙玄《みようげん》（引田妙源）が書いたことが『太平記』にみえているが、これは『難太平記』にも記されており、『参考太平記』は『難太平記』の記載を掲げていることを付加しておく。

いうまでもなく、この願文は尊氏が鎌倉幕府に反旗を翻して後醍醐天皇側に就くことを表明したものであるから、この時点での本心を吐露したものとしてよいであろう。ただ留意しなければならないのは末尾に「此の願忽ち成り、我が家再び栄へば、社壇を荘厳せしめ、田地を寄進すべきなり」とみえており、自家の再興が尊氏の目的であることである。

前掲の久保田氏はこの願文にとどまらず『慈心院文書』『多田院文書』『北肥戦誌』『太宰管内志』『厳島文書』『北野神社文書』『秋鹿文書』等にも家門再興を望んだことがみえると紹介され、当時の武家の普通の行動であったとも述べられている。しかし、北畠親房や楠正成とは異なり、尊氏の本心が中興政府が目指すところと相異し「本質的には相対立し相抗争する勢力であって、その二つの勢力が討幕の軍勢のなかにひそんでゐた。」とも付加されている。

尊氏は後醍醐天皇より勅命を受けて官軍に加わることになるのであるが、もとより後醍醐天皇は尊氏の加勢を喜び、さらなる活躍を期待されたであろう。事実、中興の実現に果たした役割を否定することはできないと思われる。

しかし、建武中興の成就後、尊氏は破格の待遇をうけつつも独自の行動を取り始める。やがて恩賞宛行《あてがい》をめぐっての対立が起こり、尊氏は官位を剝奪され、かつ当初望んだ征夷将軍の称号は下賜されなかったが(『太平記』巻第十三。列伝の尊氏伝には「尊氏自ら討たんことを請ふ。詔して之を許したまふ。又征夷将軍に任ぜられ、東国を管領せんことを請ふ。朝廷聴さず。更めて征東将軍に任ず」とみえる)、袖判下文《そでばんくだしぶみ》の発給をみると建武二年七月からは将軍としての恩賞授与権限を行使していたことが知られる(「足利家官位記」によると建武政権下での尊氏の官歴は従二位征東将軍が最高位)。ただ、尊氏の建武政権下における混迷と苦悩の様子は『梅松論』からも窺うことができるけれども、建武三年になると年間最多の軍勢催促状を発給して武家政権の樹立を目指し、最終的には中興政府からは訣別していくのである。さらに付加すべきことは後醍醐天皇によって建武三年は二月二十九日に延元と改元されるが、尊氏は依然として建武三年の年号を使い続けるのである(森氏前掲書)。有名な「建武式目」の制定は同年十一月七日、すなわち延元改元以後のことであって事実上の幕府開設となり、翌暦応元年には正二位征夷大将軍に任じられるのである。

このような尊氏の態度を如何様に理解すべきかが問題となるのであるが、先の『参考太平記』の按文の一節である「所謂、耳を掩《おお》ひて鈴を盗む。彼の巧詐《こうさ》と雖も、孰れか能く之を信ぜん」は水戸史学の尊氏理解の帰結というべきであり、続く一文にこの願文を掲載する目的が記されたということになるのである。それは一時的であれ尊氏への期待の大きさの裏返しといえるかもしれないが、最期まで忠誠を尽くした他の人々（北畠氏や楠氏）と比較する時一層の「尊氏の狡奸」をみてとり、その「狡奸」は怨霊に悩まされたが故のことであったと認めたからであろう。

参考までに付加すれば、『大日本史論賛』には「京師を陥れ、後醍醐帝を幽し、皇太子を弑す。罪悪貫盈し、人神共に憤る所」「尊氏の不臣の罪は、勝げて計ふべからず」とあり、三宅観瀾の執筆とされる『中興鑑言打聞』（『新註皇学叢書』収録）には「逆賊の尊氏」「計狡なり」「比類もなき大悪人」などの表現がみえている。

四

ところで『金沢蠹余残篇』とはいかなる史料であろうか。『増補水戸の文籍』の義公の項には次のように解説されている。

凡二冊、武州金沢称名寺所蔵の旧記文書を集めしものなり、其の跋文に、貞享乙丑季春、金沢称名寺文庫の残篇を捜索し、反古堆中に得て、之を写す、彰考館識とあり、

これによると、彰考館本には跋文があったようであるが、管見に及んでいる早稲田本にはみえていない。しかしながら、末尾に

明治十八年七月編修副長官重野安繹関東六県出張ノ時水戸彰考館文庫主管者津田信存ニ託シ其館本ヲ以テ謄写ス

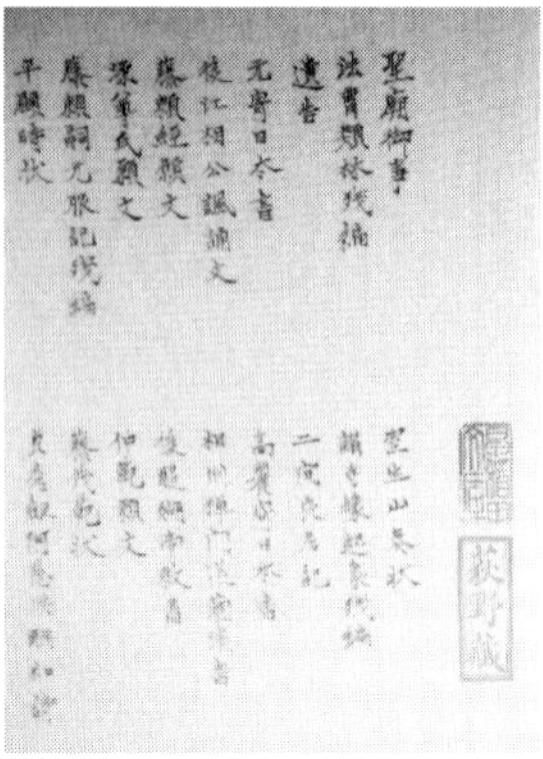

金沢蠹余残篇

とあり、更に、

昭和二年四月岩堀芳麿ノ筆ヲ賃シテ史料編纂掛本ヲ謄写セシム

ともみえているのでその謄写経過が窺えるけれども、これのみを以て彰考館本そのままということはできない。それは史料編纂掛本を謄写したものとみえ、それが彰考館本とどのように関わるのかが不明であるからである。

また早稲田本には朱筆を加えた箇所がみられるが、それは昭和二年時のものであろう。いずれにしても、水戸の史臣が金沢称名寺において採取筆写したものであることは明らかであるが、冒頭の目録には「源尊氏願文」とみえるので文書名が必ずしも一致していない。この願文は先にもふれたように『金沢文庫古文書』第八輯（仏事篇上）にも収録されている。

この願文の旧蔵者であった武本為訓氏は千葉県の人で、医師（病院長）のかたわら経済界や県会議員としても活躍し、「印旛沼開鑿論」や「利根川治水根本対策建白書」などで知られる地元の名士である。その武本氏によって編集発行されたのが、『武本家蔵武州称名寺古文書』（昭和十年、実際の調査は関氏が前年に実施された。国会図書館で公開されているが、武本氏の「はしがき」と関氏の「武本家に称名寺関係文書を尋ねて」という一文が巻頭に付されている）と題する冊子である。冒頭に引いた関氏の一文によっても若干の事情が窺えるが、前田氏は翻刻の解説で詳細を述べておられるので、それによって伝来経

過の概要を紹介すると、

1貞享二年(一六八五)以後に称名寺から流出し、その流出先やその数量は不明

2明治元年には四巻本(日・月・星・辰)として千葉県の武本家にあったが、その数量は不明。武本家の火災の際に辰巻を失い、文書数は四十通

3大正六年から十一年まで、東京帝国大学に貸し出され、影写本が作成される。

4昭和九年八月二十八日文庫長の関氏が武本家にて当文書を調査

5昭和十年八月、東京の石塚氏の所有、この時重要美術品に認定

6その後、佐賀県の高取氏、福岡県の児玉氏の所有をへて、昭和四十七年に神田の古書店より文庫が購入。

となる。作成された年代が不明ではあるが(少なくとも貞享二年以後)「称名寺書物之覚」(関氏前掲書所収。加賀藩の書物奉行である津田太郎兵衛光吉の報告、光吉は元禄十五年歿)にも願文がみえているところからすれば流出以後、おそらくは約二百五十年近くの流転の末に文庫に戻って来たのであろうか(関氏は「多分、嘉永の散佚の一部ではなからうかとも察せられる」と述べられているのみで、根拠は提示されていない)。この願文に限っていえば、流出以前から史学的注目を寄せていた水戸史臣の史眼にもなお一層の敬意が払われてよいと思う。それはこの願文が彰考館蔵の『金沢蠹余残篇』に収録されていることによって武本家蔵の文書三巻が称名寺から流出したものであることが明らかとなったからでもある(関氏の「武本家に称名寺関係文書を尋ねて」)。

また、『本朝文集』(国史大系本)に「与僧蘭溪書」「後醍醐天皇贈釈忍性菩薩号敕」「上久明親王啓」「鶴岡宮前読法華経一千部願文」が収録されているが、その典拠として『新編鎌倉志』と『金沢蠹余残篇』が挙げられているほか、「後鳥羽天皇一日一切経供養御願文」「後鳥羽天皇逆修功徳御願文」「供養吉祥院咒《じゅ》願文」など金沢文庫から採取したと思われる文書の収録状況をみると、その活用は明らかといえよう。

(『水戸史学』第八十九号　平成三十年十一月)

九　水戸と瀬戸明神

水戸と金沢の関係は烈公斉昭にも見出すことができる。それは瀬戸明神を通してではあるが、まずは『新編鎌倉志』の記載から確認してみよう（引用に際して一部表記を変えたところがある）。

瀬戸（或いは迫門に作る）明神は、海道の北にあり。鳥居に額あり。正一位大山積神宮と二行に書す。裏書に、延慶四年辛亥四月廿六日、戊辰沙弥寂尹とあり。今社領百石の御朱印あり。神主代々千葉氏也。門の左右に看督長の像あり。安阿弥が作と云ふ。社司の云、当社は、頼朝卿、治承四年四月八日に、豆州三島の明神を勧請し給ふと。按ずるに、頼朝、鎌倉に入給ふ事は治承四年十月六日と東鑑にあり。其の前四月は、豆州北条の館にをはします配所の時なり。当社勧請の事不審。鎌倉年中行事には、四月八日瀬戸三島大明神臨時の祭礼とあり。或いは云。往古此の神、此地へ飛び来

瀬戸神社

り給ふ。今の金龍院の飛石の上に止るとなり。

また宝物として陵王面一枚、抜頭面一枚があり、「共に妙作なり」とし、さらに鐘楼について述べ、鐘銘をも記載している。本社の勧請について不審としているのは頼朝が鎌倉に入る以前の勧請となるからであろう。延慶四年（一三一一）は鎌倉末期で、金沢貞顕の時代となるが、この頃には瀬戸明神が存在していたのである。いうまでもなく、この記載は全くの同一ではないが延宝二年の『鎌倉日記』にもみえている。

「金龍院の飛石」というのは金龍院の項に、

寺の後山にあり。高さ一丈余、広さ九尺余あり。三島の明神、此石上に飛来たりと云伝ふ。金沢の四石と云ふは、飛石、福石、美女石、姥石なり。

とみえている金沢四石の一つとしての名所名物である。今、ここでの関心は宝物としての陵王面と抜頭面であるが、これは舞楽面であり、今日では国重要文化財に指定されている。

横浜市教育委員会による解説（瀬戸神社ホームページ）によれば、「抜頭《ばとう》」については（明らかな誤字は訂正した）、

髪頭・鉢頭、撥頭とも書く。唐楽に属し、桴《ばち》を持って舞う一人舞。その面は赤ら顔で額が秀いで、眉を吊上げて大きく目をいからせ、大きな鉤鼻を持ち、髪の毛には太く縒った紺の紐を植えつけるのが特色です。猛獣に父を殺された胡人の子が山でその仇を討った喜びの舞とも、虎に殺された父の死体を探し求め、髪をふり乱して嘆き悲しむ舞ともいわれ、またインドのリグ・ヴェーダ

の神話に出るバズという毒蛇を殺す白馬を擬人化したもので、紺の紐はたてがみの変形とする説もあります。

瀬戸神社の面は桧材製、下顎を別材（横木）矧《は》ぎとするのは珍しい作り（下歯は欠失）です。頭部後縁に沿って縒糸を一列に植える孔があり、耳上と耳朶に面紐を通す孔が穿たれています。表裏とも布張り錆下地で、表面は肉身部朱漆塗り、眉目は黒漆。裏面は黒漆塗りで、朱の銘文が記してあります。そのままに信じるわけにはいきませんが、大づかみな肉どりの一方で、額の横に浮き出した血管の細やかな写実も見せ、その力強い表現は鎌倉時代も早い時期の制作であることをうかがわせます。

とあり、陵王面については、

羅陵王、蘭陵王ともいう。唐楽で一人舞。その面は目を丸くみはり、鼻は尖り、顔中に皺を寄せ、上歯を長く伸ばし、頭上に龍をいただきます。動眼（別に作った目が面部につないだ串状のものを支点に動く）、吊顎《ちようがく》（別に作った紐で吊った下顎が揺れ動く）とし、顔は金色です。中国北斉の蘭陵王は、余りにも美男子だったので、この怪異な相の仮面をつけて出陣し、敵を打ち敗ったといい、またインドの古い劇の「龍王の喜び」に由来する、あるいは仏教の沙羯羅龍王に象ったとする説もあります。龍王として雨乞いにも用いられました。陵王の面は舞楽面の中でももっとも多くの遺品があります。

瀬戸神社の面は、桧材製で、龍の後肢の半ばで前後二材を矧付けて造り、龍の頭部その他に小部材を矧付け、両目は別の一材製、吊顎はいま失われています。全体に布貼り錆下地とし、表面は黒漆塗りです。形の上の特色として挙げられるのは、頭上の龍が低い姿勢で額にかぶさり、後肢が人間の足のような形で爪先を上向きにして面にまたがり、背後に羽根状のものを大きく広げていることで、たとえば平安時代の名作とされる厳島神社の、龍の頭を長くS字形に反らせ、剛毛を小さくまとめた形と大きくちがいます。これと同形の陵王面が、大阪八葉蓮華寺快慶作阿弥陀如来像に納入された書状（快慶宛か）の紙背に描かれているのは興味深く、また、前肢を踏張った龍の表現が運慶一派の四天王像の腹に帯喰としてあらわされた龍のそれと共通することも指摘されています。龍の力のこもった四肢の筋肉がみごとなもので、抜頭面同様、鎌倉時代の早い時期の作とみられますが、抜頭面の銘とあわせてその作者の系統を考えることができるでしょう。なお、鎌倉鶴岡八幡宮の陵王面はこれと同じ形で、作風も大変よく似ています。

とある。口語的表現ではあるけれども具体的であり、二面の様相を窺うことができる。関靖氏『金沢文庫の研究』によると、抜頭面の裏面（内側）には次のような銘文が記されているという。

奉施入神祇前

抜頭面

右依夢想施入之、此面運慶法印自彫刻所納［　　］

建保七年己卯

建保七年は西暦一二一九年で承久と改元されるが、あの承久の変の二年前に当る。この銘によれば

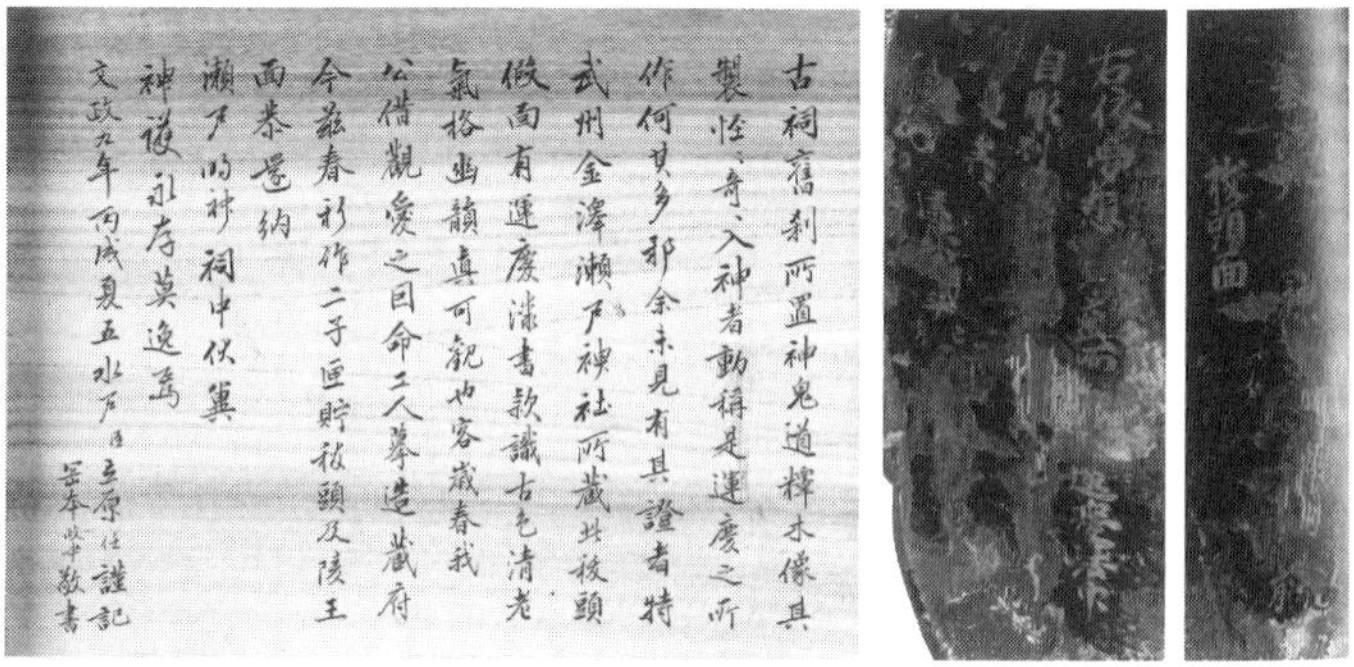

抜頭面銘文及び立原任の箱書

運慶作ということになるが、先の解説はそのままに信ずるわけにはいかないといいつつも、陵王面の解説では鎌倉期の早い時期の作とし作者の系統を考えることができるとされるのであるから、運慶作と断定することはできないとしてもその系統の仏師ということはできよう。しかし水戸藩の部屋住みの身にあった敬三郎（後の水戸九代藩主徳川斉昭）は運慶作に感嘆して模刻し、返還の折には箱を新調して蓋に次のような文を認めさせたのである（原文はウェブ公開の写真版による。なお、抜頭面の銘文とともに金沢文庫発行の特別展図録「瀬戸神社～海の守護神～」にも収録されている）。

古祠旧刹は神鬼・道釈の木像を置く所なり。其製は怪奇にして入神する者は、動《やや》もすれば是れ運慶の作る所と称す。何ぞ其の多きか。余、未だ其の證有るを見ず。特に武州金沢の瀬戸神社に蔵する所の此秡頭仮面に運慶の漆書款識有り。古色清老にして気格幽韻、真に観るべきなり。客歳の春、我が公借観してこれを愛づ。因て工人に命じて挙て府に蔵めしむ。今兹《ことし》の春、新作の二子匣に秡頭及び陵王面を貯《おさ》め、恭しく瀬戸明神祠中に還納す。伏して冀《こいねがわ》くは神護永く存し逸すること莫れ。

文政九年丙戌夏五水戸臣立原任謹記　岡本政尹敬書

今茲は文政九年であるから客歳は文政八年を指すこととなる。従って、我が公は藩主徳川斉脩《なりのぶ》の弟である敬三郎であり、当時亀の間に住していた。この文章を記した立原任は彰考館総裁を務めた立原翠軒《すいけん》の長子であり、画家として知られ杏所と号した人である。敬三郎がどのような経緯でこの二面の存在を知ったのか不明ではあるが、『鎌倉日記』には「左右に随身あり、安阿弥作と云、二王は運慶作と云」とみえているところからすれば義公もこの二面を拝見したと思われるから、あるいはそれを聞き及んでいたかもしれない。敬三郎の舞楽への関心は次の記述から窺うことができる。

いつれの年にか有けむ、今の宰相中将の君の、いまた故中納言の君の御おとゝと聞えさせて、亀の間すませ給ける比、きさらきばかり和歌の会せさせ給ふことありしに、御狩衣をたてまつりて、人丸の影より左の方に円座物しておはします、鈴木石見守重矩も狩衣きてまゐれり、その外の人々はみな布衣をつけてつき〳〵に並居たり、文台へ和歌をかさぬるわさも下よりかさねて講師読師なとも定められ、披講のをりは楽を奏しつ、おのれは講師になされけれは、その円座にもつきたりける、ものにならはねはさこそはをかしくも侍りけめ、事はてゝ後ことさらに□篤茂とおのれとには酒給はりけるに、飲つゝ見奉るへきよしおほせられて、君は還城らくをなむまわせ給ひける、

これは『鵜舟《うふね》のすさみ』二の冒頭にみえるところであるが、著者は当時敬三郎の侍読を務めていた

吉田活堂である。活堂は藤田幽谷門下であり、国学方面に造詣深い人物であったから、この記述は十分に信頼できる。和歌披講の折ではあるが「還城らく」を敬三郎自らが舞ったということに注目すべきである。「還城らく」は還城楽《げんじょうらく》であり、雅楽の一人舞として著名な舞であるからである。この時の歌会は文政十年に行なわれ、しかも記録が現存している。敬三郎は二十代後半である。

また「文公様武公様於紀州家庭中船楽饗応之図」は水戸藩六代治保《はるもり》と七代治紀《はるとし》（敬三郎からみれば祖父と父）が紀州藩江戸屋敷で行なわれた管弦に招かれた際の様子を描いたものであるが、背景には舞楽会という性格を認めることができるとの報告（水野僚子氏『国立歴史民俗博物館研究報告』第一六六集収録「西浜御殿舞楽之図にみる雅楽の表象」）をも念頭におけば、敬三郎の関心は父祖に基づくものといってよいであろう。

さらに金沢の瀬戸明神を通してではあるが、そこには百五十年の時を超えて義公と烈公には相通ずる歴史的伝統文化意識をみることができるし、またそれは興廃継絶の精神の継承でもあろう。

蛇足ながら還城楽について『大日本史』平重盛伝にみえる記事を紹介しておく。重盛が中宮に啓した時のこと、蛇が膝下に入ってきた折、中宮を驚かさないために徐に首尾を捉え蔵人の源仲綱に処置させた。何事もなかったかのように処置した態度を重盛は喜び、翌日褒美を与えて「昨日の挙止、還城楽の舞に似たり」と褒めたというのである。『源平盛衰記』と『平家物語』に拠った記載である。

附　金沢文庫とは何か

金沢文庫は北条実時《さねとき》（一二二四―一二七六）によって創建されたものである（一二七五年頃）。実時は執権北条義時の孫に当り、文武両道に通じた武将である。その学問は建長四年に京都から来た清原教隆《のりたか》の教えを受けて、もっぱら治世の学に傾倒した。書写の点校や図書の蒐集に努めて勉学したが、晩年には病を得て金沢の別業（別荘）に退隠してからもなお書写点校の筆を擱《お》くことなく、この地に文庫を建て、長年蓄積した和漢の書を保存し、自他講説の便をはかった。これが金沢文庫の起こりである。その子顕時《あきとき》（一二四八―一三〇一）、その孫貞顕《さだあき》（一二七八―一三三三）、さらに曾孫貞将《さだゆき》（一三〇二―一三三三推定）は何れも皆実時の志を継いで学問に精進した。後にその名が知られ、四方から好学の士が集まり、また一方称名寺の学僧劒阿《けんな》（二代長老）、湛睿《たんえい》（三代長老）等の講筵と相俟《ま》って寺内に金沢学校が設けられ

県立金沢文庫入口

るほどになった。元弘三年（一三三三）の北条氏滅亡後称名寺がこれを管理したが、寺もまた大切な檀《だん》越《おつ》（檀那）を失ったので維持困難となり、一方文庫も次第に衰え、蔵書も多数が散逸するに至った。しかしながら、実時が金沢のごとき幽静な地を選んだこと、及び称名寺という宗教の伝統に護持されてきたこと、加えて六百余年の長い間水火の災いを蒙ることがなかったために、たくさんの珍籍（二万冊余）を伝存することができたのである。ひとえに実時の功績というべきである。

以上は、結城陸郎氏の『金沢文庫と足利学校』（昭和三十四年）掲載の案内書によるが、若干の修正を加えた。同氏によれば、いわゆる金沢文庫は建治二年（一二七六）に実時が歿して後に顕時によって実時追慕の記念事業として設置されたものであるという。

なお、水戸の『新編鎌倉志』（貞享二年）は主として史臣河井恒久の編によるが顕時説を主張する。しかし、同じく水戸に仕えた人見卜幽は『東見記』（貞享三年）で貞顕説を掲げているので、『新編鎌倉志』の説を採らなかったことになる。案内書の実時説は、林家の『続本朝通鑑』、寺島良安の『和漢三才図会《ずえ》』、近藤正斎の『金沢文庫考』などにみえ、関靖氏も同様である。また、金沢の読みは『兼好法師家集』にみえる詞書きや関氏の著書が「かねさは物語」と称せられように一般にカネサハ（ワ）と読むが、『新編鎌倉志』はカナザハと読んでいる。

参考　『書物学』第八号（特集・国宝称名寺聖教・金沢文庫文書）平成二十八年
『国宝金沢文庫展～称名寺聖教・金沢文庫文書国宝指定記念～』平成二十九年

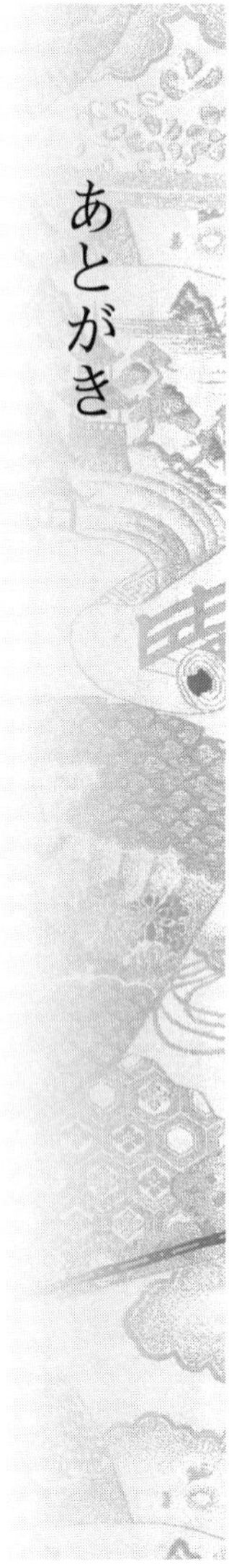

あとがき

横浜市都筑区に居を構えて一年半ほどが経った平成二十九年二月、初めて称名寺と隣接の金沢文庫を訪れた。県立金沢文庫の金沢八景展を見るためであった。後世のコレクションの展示ではあったが、十分に金沢八景の魅力を伝えるものだった（図録『愛された金沢八景―楠山永雄コレクションの全貌―』参照）。暮に土浦市立博物館から鹿島八景に関する報告を依頼されていたのでその参考とするためでもあったが、若干の資料を買い求めるとともに称名寺の風情を味わうことができた。博物館の依頼は四月に無事その責めを果たすことができたが（図録『土浦八景―よみがえる情景へのまなざし―』参照）、小論の執筆はすべてこの報告を契機としており、それは横浜居住の成果といってもよい。

ところで、横浜市域は武蔵国の一部であるが、当時の郡でいえば橘樹《たちばな》・久良岐《くらき》・都筑《つづき》の三郡となるが、久良岐郡に属する金沢も地名としては由緒がある。中世以来の地名であり、称名寺の大檀那である金沢氏もこれによる。この金沢の地を水戸義公が訪れ、その記録が『鎌倉日記』（あるいは『新編鎌倉志』）の中に残されている。いうまでもなく、その中心は鎌倉であるが、鎌倉からは外れる金沢の地が含まれているのはやはり金沢北条氏の所領であり、景勝が秀美であったからであろう。ともあれ、本書に収めた小論のいくつかは『鎌倉日記』を重要参考としたのであるから、義公との因縁によって本書が成立したといって過言ではない。

また、小論のほとんどに引用し、直接の執筆契機となった関靖博士の『金沢文庫の研究』が優れた先駆的業績であることは論を俟たないが、多くの学恩を頂戴したことに心から御礼を申し上げたいと思う。

なお、小論の中には『水戸史学』及び筆者のブログ（ＢＬＯＧ江風舎）に掲載したものもあるが、すべて平成二十九年から三十年にかけて執筆した。

末尾とはなりますが、神奈川県立金沢文庫、横浜市立図書館（中央・金沢・都筑）、横浜市歴史博物館、土浦市立博物館及び水戸史学会、そして錦正社の皆様に深甚なる感謝の意を表します。

平成三十一年正月　サンライズビューの一室にて　　著者誌す

著者略歴

梶《かじ》山《やま》孝《たか》夫《お》

昭和26年　茨城県生
大学卒業後茨城県内の私立学校に奉職、平成24年3月退職
現在　水戸史学会理事
　　　藝林会理事
　　　温故学会顧問
　　　博士（文学）

主要著書　新版佐久良東雄歌集（錦正社）
　　　　　水戸の國學—吉田活堂を中心として—（錦正社）
　　　　　水戸派国学の研究（臨川書店）
　　　　　大日本史と扶桑拾葉集（錦正社）
　　　　　現代水戸学論批判（錦正社）
　　　　　大日本史の史眼—その構成と叙述—（錦正社）
　　　　　藤田幽谷のものがたり（錦正社）
　　　　　安積澹泊のものがたり（錦正社）
　　　　　藤田幽谷のものがたりⅡ（錦正社）
　　　　　藤田幽谷のものがたりⅢ（錦正社）
　　　　　水戸の国学者　吉田活堂（錦正社）

金沢八景《かなざわはっけい》と金沢文庫《かなざわぶんこ》

平成三十一年四月十日　印刷
令和　元　年五月一日　発行

※定価は表紙に表示してあります。

著　者　梶　山　孝　夫
発行者　中　藤　正　道
発行所　株式会社　錦　正　社
〒一六二—〇〇四一
東京都新宿区早稲田鶴巻町五四四—六
電　話　〇三（五二六一）二八九一
ＦＡＸ　〇三（五二六一）二八九二
ＵＲＬ　https://kinseisha.jp/

印刷所　株式会社　文昇堂
製本所　株式会社ブロケード

ISBN978-4-7646-0138-3